U0651593

重口味心理学 2

我们都是孤独星人

HARDCORE PSYCHOLOGY

姚尧——作品

CNS PUBLISHING & MEDIA 湖南文艺出版社 HUNAN LITERATURE AND ART PUBLISHING HOUSE 博集天卷 CS-BOOKY

重口味心理学 2  目录

第一章

孤独星人

——我来自孤独星

HARDCORE PSYCHOLOGY

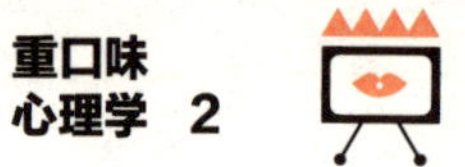

“孤独”这个词，不管怎么说，都带着浓浓的悲情色彩。无论是谁，似乎一提到孤独，总是可悲的。如果你试着关起门窗暗无天日地待上一星期，也许会稍稍了解孤独的滋味。那种感觉就好像把自己扔进深渊里，极力呼喊却听不到一丝应答。唯一有的，是自己的回声。

孤独不是孤立，有时候，身边有人陪伴但内心依然孤独，因为身体的依偎难以平复心灵的空寂。这也可以解释为什么一些人过着与他人完全隔离的生活，却能享受隐居的乐趣，而有一些人经常与人交往，被人围着，却感到孤独。

不知从什么时候开始，在地球上，在我们身边，出现了一群奇特的“孤独星人”。从外表上看，他们与我们并无两样，但是在他们身上，有些地方又是那么与众不同……

“特立独行的孤独星人”

“遗世而独立”——社会隔绝

当一个漂亮的、谜一般的小男孩儿踮着脚走到你身边时，他的目光从你的身上移开；他手中拿的不是玩具，而是一根奇怪的、脏兮兮的、缠绕在一起的绳子，他会时不时地搓着这根绳子；当你关心他的时候，特别是当你的手碰到他的头时，他会躲开你对他的接触；他凝视着窗外，而不注意你和你周围的东西；他似乎很孤单，只沉浸在自己的世界里……

这就是孤独星人，当地球人三五成群、熙熙攘攘、推杯换盏的时候，孤独星人则永远静静地站在一边，漠然地忽略着这一切。

这种情况从孤独星人很小的时候就开始了。心理学家托马斯和切斯研究出了“地球婴儿”的三种气质类型，它们分别是：

容易型：

大多数的婴儿属于这一类型。这类婴儿吃、喝、睡都很有规律，容易适应新环境，也容易接受新事物和陌生人，俗称“不认生”。他们常常兴高采烈，非常爱玩，很配合父母的养育，比如第一次给他们洗澡时，他们只是睁大眼睛、皱皱眉头，没有惊叫，也不哭，甚至连打针时也比较安静，不怎么闹腾。容易型的婴儿这么“乖”，所以更容易受到大人的关怀和喜爱。

困难型：

这一类的婴儿比较少。他们是名副其实“连哭带闹”地降临到人世的，最突出的表现是爱发脾气，经常大声哭闹，不易安抚，对新事物、新环境接受得很慢。大人们需要费很大气力才能“降伏”他们。比如，护士给他们穿衣服时，他们就大喊大叫，或用脚踢、用手推开护士。睡醒后他们就立刻哭，从深睡到大哭之间几乎没有过渡。每次喂奶对母亲来说都是一场战斗。由于这种孩子对父母来说是一个较大的麻烦，在养育过程中容易造成亲子关系疏远，所以需要成人极大的耐心和宽容。

迟缓型：

迟缓型婴儿没有容易型婴儿的“喜不自禁”，也没有困难型婴儿的“大哭大闹”，迟缓型的婴儿常常安静地退缩，情绪低落，闷闷不乐。他们对新事物、新变化、新刺激采取逃避的态度，“滚开，离我远点儿”。但在心情好的时候，他们也会像树袋熊一样，慢腾腾地挪近新事物，“围观”一下。

这样来看，孤独星人的气质应该跟地球婴儿的“迟缓型”最接近，却更冷漠、更疏离，不如我们就称他们为——

孤独星婴儿：

孤独星婴儿“目空一切”，几乎不搭理任何人，包括他们的父母。跟地球婴儿不同的是，孤独星婴儿不会对身边的人报以微笑，或者低声细语，或者主动和他们一起玩耍。甚至感到恐惧的时候，他们也不会依偎到父母怀里。大多数地球婴儿在身边人爱怜地看着他们的时候，也喜欢望着对方，但是孤独星婴儿几乎从不与对方进行眼神交流。大一些的小孤独星人也不喜欢跟其他小孩儿一起玩耍，而更愿意自己玩自己的。

孤独星人的这种“与世隔绝”的特点能让他们屏蔽掉外界传递给他们的信息，然而这种屏蔽只涉及人，孤独星人对事物的关注和体验跟“地球人”没有任何差别，有时反而更胜一筹。比如像小孤独星人 A 这样——

和很多孤独星人一样，A 拥有强大的集中注意力的能力。这种能力能为她在混乱和骚动的“地球环境”中创造出一个平静有序的世界，一片属于她自己的天地。A 可以坐在海边花几个小时堆沙子，任沙子从她的指尖滑落。她可以一粒一粒地观察沙子，仿佛一个正在通过显微镜观察事物的科学家。其余时间，A 会慢慢审视她手指上的每条纹路，沿着其中一条观察，仿佛它是地图上的一条路。有时候，她还会旋转自己或者旋转一枚硬币，全神贯注到周围的人仿佛都变成透明的，即使是突然间的一声巨响，也不能将她从自己的世界中惊醒。

不要以为孤独星人对人冷漠就没有情感的流露，他们会经常控制不了自己骤然间的冲动，尤其是当事情发展不顺时，他们就会暴怒，并难以捉摸。比如像小孤独星人 B 这样——

正常的地球孩子会用泥巴捏各种东西，而B则用自己的粪便，并且还把“成果”扔得满屋都是；他把拼图放到嘴里嚼，还把纸浆吐到地板上；他脾气暴躁，感到挫败时会摔打手边的任何东西，包括珍贵的花瓶和残余的粪便；他会不停地尖叫……

随着小孤独星人慢慢长大，成人后，他们“与世隔绝”的问题会更严重，周围人对他们来说常常“形同虚设”。

同时让孤独星人和地球人观看同一部电影。地球人注意的是有社会意义的部分，视线停留在谈话人的眼睛之间，还有背景人物身上；而孤独星人关心的是电影场景中非社会性的方面，比如女演员的嘴和对面男子的夹克衫。

这说明孤独星人对社会场景不感兴趣，因此并不享受与他人的社交关系，也没有能力去发展这种关系。因此，孤独星人不能理解人类社会关系中正常的惯例和礼节——他们不懂得人情世故，不会处理复杂的人际关系。即便是一些简单的社交，比如买东西，对他们来说也是困难重重的。

有些孤独星人，不像其他普通的孤独星人那般躲避所有的社会接触，进入一种极度孤独的与世隔绝的状态，而是会多多少少参加一些社交活动，我们称这样的孤独星人为“高功能孤独星人”。

但是，高功能孤独星人在社交活动中的表现也是不成熟的，他们对友谊的理解存在问题。

比如，小高功能孤独星人喜欢与比自己大很多的人一起玩，这是一种比较特殊的交友形式。曾有一个小高功能孤独星人告诉他的妈妈，他在学校的午休时间都会与某位固定的朋友见面。后来他妈妈发现，他所谓的“朋友”其实是学校的勤杂工，每天中午孩子都要去帮助勤杂工做些事情。

还有一个高功能孤独星人说道：“我从童年、青少年一直到成人阶段，很少能和同龄孩子和睦相处，我喜欢和老年人待在一起，或许是因为他们通常比较温和安静，比较有耐心聆听小孩子讲的一些特殊话题，并且主动发起对话。”

社交有问题的高功能孤独星人分不清友谊的界限，所以回答不上来类似下面的问题：

> 谁是你的朋友？
> 为什么他是你的朋友？
> 平常你是怎样交朋友的？
> 为什么我们需要朋友？
> 你需要怎么做才能成为他人的好朋友？
> …………

对他们来说，只要是对他们态度友好的人，哪怕是陌生人，都可以当作朋友。而且他们认为朋友就应该像一台永不发生故障的机器，所以如果你某一天有事没办法陪他们玩，你就不是一个真正的朋友！

"不聪明那么多，只聪明一点点"——智力发育迟滞

小亚在 3 岁时被别人收养，他的亲生母亲在怀他的时候酗酒成性，在小亚出生后不久便死于酒精中毒。小亚早产了差不多 7 周，体重低于正常水平，在被收养前遭受过虐待，并且营养不良。3 岁时他的身高低于同龄儿童平均水平，不会使用马桶，只会说约 20 个词。他被确诊为轻度的智力发育迟滞。他的养父希望小亚在积极的环境下能够康复。

然而 4 岁时，小亚依然需要使用尿布，体重只有 24 斤。他很难记住其他人的名字，而且过分活跃，一个人的时候会有节奏地将身体晃来晃去。这一年，他遭受了第一次严重的痉挛发作，昏迷了几天，而且看起来无药可救。

上学以后，小亚不会计算，不能识别颜色，不能系鞋带。他的注意力不集中，连简单的指令也难以执行。尽管他的老师都非常尽力，但在完成小学学业后他仍然不会加减运算，不会辨别自己的家庭住址。他的智商只有 65 分左右。

小亚 20 岁时搬到了一个专门监护智障病人的疗养中心，他的全部精力都

集中于自己收集的毛绒玩具、纸娃娃、报纸上的卡通画、家族照片和以前的生日卡片。23 岁时，小亚死于交通意外。

下面这个是测试智力的评分标准：

140 分以上——天才
120～140 分——最优秀
100～120 分——优秀
90～100 分——常才
80～90 分——次正常
70～80 分——临界正常
70 分为智商及格线
60～70 分——轻度智力迟滞
50～60 分——中度智力迟滞
20～25 分——重度智力迟滞
20 分以下——极重度智力迟滞

凡是智商低于 70 分的，都是智力发育迟滞。小亚的智商在 65 分左右，所以他被诊断为轻度智力迟滞。而有 75%～90% 的孤独星人的智商都低于 70 分。但同样是智力发育迟滞，孤独星人和地球人还是有区别的：智力测试通常包括测试空间能力、数学能力、语言能力和记忆能力等，孤独星人在空间能力上的表现比在语言能力上的要好得多，而地球人则在所有测试上都表现得差不多。

那么，为什么孤独星人在空间能力上的表现比在语言能力上的要好得多呢？这就是我们下面要说的。

“说都不会话了”——语言缺陷

超过一半的孤独星人根本就不说话。

而说话的孤独星人则会发出类似咿呀学语的声音、嘀咕声、尖叫声……有时还会毫无目的地重复歌曲、电视剧里的片段，以及看到或听到的对话片段。比如电影《雨人》中，“雨人”总是重复说着小时候看到的一本书中的内容：“然后谁在一垒？你是说为圣·路易打球的那家伙……那是那男人的名字，谁的名字……谁在一垒？我在问你谁在一垒……你知道那个家伙的名字？那谁在一垒？”甚至有的孤独星人能仅凭记忆演出一整部电视剧，而且使尽浑身解数，用尽自己的声音、手势、掌声做全天候“循环播放”。

一些孤独星人在表述的时候使用的人称很奇怪，他们会用第二人称（你）或第三人称（他/她）来指代自己（我）。还有的说话方式会太过“正式”。比如孩子想知道母亲是否在家，通常会这样问：“妈妈在家吗？”用这种非常口语化和随意的方式。而小孤独星人却说：“请问，X女士现在是否在家中？”

而且孤独星人说话没有语调，像是没有情感的机器人。我们都知道在一句话中加重不同字的语气时，表达出的意思会不一样。比如像下面这样：

我没有说她偷了我的钱。（是别人说的。）
我没有说她偷了我的钱。（我的确没有说。）
我没有说她偷了我的钱。（不过我暗示了。）
我没有说她偷了我的钱。（其他人偷的。）
我没有说她偷了我的钱。（她肯定对我的钱做了什么。）
我没有说她偷了我的钱。（她偷了其他人的钱。）
我没有说她偷了我的钱。（她偷了别的东西。）

对孤独星人而言，他们做不到“抑扬顿挫”地表达，也理解不了这样的表达。如果要他们来说这句话，则永远都是没有语调、没有感情的“我……没……有……说……她……偷……了……我……的……钱”。

从根本上说，孤独星人不会进行“你一言，我一语”的交流式的对话，而且他们也不会围绕着某个主题进行交流。

“规矩不能破”——刻板行为

“雨人”要求星期一早上必须吃比萨，在规定的时间观看节目《人民法庭》的录像带。有些小孤独星人的玩具必须放在同一个架子中的同一个地方，早餐必须按一种不变的顺序进行，先吃鸡蛋，再喝果汁，接着吃烤面包。

这种在规定的时间，按规定的步骤做规定的事，就是孤独星人典型的“仪式性行为”！

孤独星人很难接受新的事物，如果事情没有按照顺序完成，或者遗漏了哪个步骤，他们就会感到惶恐，末日将至，从而大发雷霆。例如去学校的途中，母亲在银行门口停下来，小孤独星人也会为此勃然大怒，因为他的妈妈“不走寻常路”。

除此之外，孤独星人还有特别的“恋旧情结”，他们会重复不停地做同一个动作，比如旋转、踮脚、击掌、摇晃……在电影《雨人》中，第 111 分钟的镜头让我印象深刻，“雨人”像木马一样迈开步子前后摇晃着自己的身体。有的孤独星人还会通过重复这些动作来“自残”，撞头和咬手是最常见的，他们不停拉扯头发和啃咬指尖，直至血流如注。

小孤独星人也有自己喜欢的活动，比如撕纸、玩玩具车和娃娃。但是他们跟小地球人玩游戏的方式不同，他们只关注玩具的一部分。比如他们对车的轮子感兴趣，而不是对车的整体感兴趣；他们不会用两个洋娃娃玩“过家家”的游戏，而是将洋娃娃的胳膊卸下来在手中抛来抛去……

同样一件事，对地球人来说，是先整合信息，抓住要点，但通常会漏掉细节；而对孤独星人来说，他们更注重处理细节而忽略整体，比如像下面这样：

```
           H                  A     A
          HH                  A     A
         H  H                 A A A A
        HHHH                  A     A
       H     H                A     A
      H         H             A     A
```

对大多数地球人来说，总是会先关注物体总体的形状。当看到上图中左侧的由许多小“H”组成的“A”形状，大多数人不会立刻看到小“H”，而是会先看到整体组成的“A”。对孤独星人来说就正好相反，他们要努力看才能看出整体的形状——“A”，因为他们大脑的注意力都集中在分散的细节上——“H”。右图同样如此。

还有，大多数地球人是通过辨认熟悉的词组进行阅读，因此许多人会漏掉细小的拼写错误或重复的字，例如下面这个句子：

二鸟在林，不如一鸟在此手。

快速地看，许多人都不会发现后半句多了个“此”字，但是这绝对逃不过孤独星人的眼睛。只看局部而不关注整体也有个好处，就是查看细节的能力很强，例如擅长做校对。

孤独星人 C 和 D 的故事：

以上说到的“社会隔绝”“智力发育迟滞”“语言缺陷”“刻板行为”的特点，全部出现在孤独星人 C 一个人身上。

C 是一个不和他人交流也不应答他人的孩子，她几乎不会和任何人进行目光接触。如果让她一个人待着，她就会把手放在喉咙上，伸出舌头，发出奇怪的声响。除非有事物转移了她的注意力，否则她就会站在或坐在椅子上，前前后后摇晃好几个小时。如果有人要接近她，她可能会一把薅下他们的首饰或眼镜，然后扔出去。C 不喜欢有新的体验，有一次，一个新的实习医生走进房间想亲近她，结果被她打了。

虽然 C 不说话，但要她吃饭或洗澡时，她也可以理解并照做这类简单的要求。她有一本图画书，其中都是她可能需要的物品的图片，如：餐盒、小甜点、一个喜欢的玩具，或者洗手间，当有需要的时候，她就用这本图画书来和别人交流。但是 C 似乎不会也不愿意区分颜色，不理解“对”“不对”这样的概念，不愿意做超过一个步骤的要求（比如：拍拍手然后把手放在鼻子上）。她以前的老师说，尽管她能在课堂上学会区别红色和蓝色，但是换一个环境后她就忘了。

C 被发现“与众不同”的时候，还是个婴儿，那时她就抗拒别人抱她，接下来 C 到了 3 岁还不说话。一开始，他们还以为她耳朵聋了，后来经过检查才发现，原来 C 是个孤独星人！

类似的情形还出现在孤独星人 D 身上：

D 是一个 3 岁的孤独星男孩儿，他远离他人，看起来自给自足。他早晨不和母亲打招呼，父亲下班回家时也同样没有任何反应。他对其他儿童毫无兴趣，对自己的弟弟也同样视而不见，只会自己一个人在那里咿呀咿呀或者尖叫。即使他说话，说出来的词和句子也是以前从别人那里听来的，腔调也和别人一模一样。比如他说：“你想喝点儿什么？”其实是表示他渴了。他不会用表情、手势或者模仿动作来表达自己，如果他想要什么，就把别人的手放到他想要的东西上。

对 D 来说，对他最大的挑衅就是试图改变或者扩展他的兴趣。比如拿走他的玩具汽车，打乱拼图或者物品摆放的位置，纠正他的一些做法，比如正确使用勺子，或者让他坐下来看图画书。如果你胆敢这样做，迎接你的将是长达一个小时甚至更长时间的咆哮、尖叫、大发雷霆、踢打、咬自己或者咬别人。除非恢复原样，否则他不会停止哭闹。

“你说我世上最孤独，我说我世上最神奇”

孤独星画家

上面提到孤独星人存在智力迟滞的情况，但奇特的是，某些有严重智力迟滞的孤独星人却能在某个单项技能上，比如数学、绘画和音乐，拥有超凡的表现，甚至达到惊人的高度！这何尝不是一种补偿呢，就像盲人可能会有特别敏锐的听力一样。

Y 是一个严重智障、无法说话的孤独星人，他脸色苍白，弱不禁风，很多人认为他是个白痴，什么都不知道，什么也不会做。有一次，一位学者给了 Y 一块怀表，想让他画出来。身边立马有人阻止道："他根本就不认识表，对时间也没有概念，你别在这儿浪费时间了。"

可是当 Y 看到怀表，并开始动笔作画的时候，第一次，在他脸上一改常态地浮现出了身心合一、无所畏惧、毫不迟疑、镇定自若的神情。他对周围的一切概不理会，完全专注于绘画之中。尽管他画得很快，但是非常仔细，线条清楚，没有涂抹。

Y 画的怀表相当传神，除了一些"防震"和"× × 制造"的字样外，每个关键的细节都没有漏掉。他不只标上了时间（准确地标在 11 点 31 分上面），还标出秒针的位置，以及嵌入的秒盘。不仅如此，他还画出了凸出在外的发条转轮和系表链的把手。

除了把手画得有点儿夸张以外，其他部分的比例都正常。表上面的数字的大小、形状和风格都各不相同：有的胖，有的瘦；有的很整齐，有的陷进去；有的很简单，有的精描细写，带点儿哥特式的风格。原本嵌在上面的、毫不起眼的秒针却被画得非常突出，就好像星盘上的小转盘。Y 对这个怀表的整体把握和感觉完全画出来了，让人怀疑他是否真的对时间毫无概念，要不然他怎么会画得那么逼真、那么精准，还融合了些奇怪的"抽象"艺术？

但是身边又有人说了："这只不过是在照猫画虎，他仅仅是复印了一遍。"于是这个学者又给 Y 看了一张照片（两个人傍着大山和夕阳，在湖上划着独木舟），然后把照片拿走，让他画下来。

这次 Y 给人留下了更深刻的印象，他的绘画速度和逼真程度都让人惊叹。

他仅仅是看了照片一眼就开始了自己的绘画，这意味着他能够理解当中的景象，不是简单的临摹，而是有所领悟。而且他画出的图像，还有一种原画没有的强烈质感。舟上的小人儿经过放大，变得更强烈，更有生命力，有一种原画没有的投入和意境。所以他的能力能凌驾于简单的复制之上，他有完整的想象力和创造力。图上画的不是一条普通的独木舟，而是承载着他自己的独木舟。

完全不懂计算的数学奇才

E 和 F 是两个看上去不怎么讨人喜欢的孤独星人，他们是双胞胎。他们的长相怪异，个头比正常人矮，头和手的比例严重失衡，上颚和足部严重弯曲，说话吱吱响，没有高低起伏的音调，总是做出许多奇怪的抽搐动作，还有高度近视，佩戴的眼镜片太重，以至于看起来眼睛似乎歪了。他俩还总是带着一种失常的、不安的而又诡异的注意力，盯着某个地方不放。

然而，在 E 和 F 所表现出的数学才能面前，你可以完全忽略这一切不足！他们对周围人说："给我们一个日期，往前数或者往后数 4000 年内的任何一天都可以！"然后你给了他们一个日期，他们几乎可以同时告诉你那天是星期几！他们还能告诉你 8 万年内的复活节都在哪一天！除此之外，他们还能说出一生中（大概从 4 岁开始）任何一天发生的事情。他们会用一种平淡单调的声音告诉你当天的天气，听到的政治事件，以及自己那天都做了什么。令人心酸的是，这些内容还包括了他们童年的痛苦和强烈的自卑，以及遭受的鄙夷、嘲弄和羞辱。但是他们说这些的时候，音调没有任何起伏，不带任何个人感情，不夹杂个人意见，也找不到重点，就像在表述一份文件或者资料。

但是，如果测试他俩的计算能力，得到的结果却出奇糟糕，差不多就是智商测试 60 分的水平。他们连简单的加减法都不会，而且根本不懂乘法和除法！

曾经有人写过一本书，叫《质数的孤独》，不知是不是巧合，孤独星人与质数有着不解之缘。

什么是质数？质数是指在大于 1 的自然数中，除了 1 和自身，不能被其他自然数整除的数。在100以内有2、3、5、7、11、13、17、19、23、29、31、37、41、43、47、53、59、61、67、71、73、79、83、89、97，共25个质数。

有一次E和F坐在一个角落里，脸上挂着神秘莫测的微笑，好像正在享受着某种奇怪的安宁和乐趣。他们在对话，用“数字”对话：E说出了一个6位数字，F听到后会意地点头微笑，看上去像是在品味那个数字；轮到F的时候，他也说出一个6位数字，这次换作E在品味。他俩看上去就像两个品酒师在分享人间的极品佳酿，是个很有意思的场景。后来人们发现，他俩对话中提到的数字都是质数！

一次，有一个人好奇地加入了他们的对话，试探性地说出了一个8位数的质数。E和F顿时静下来，转向这个人，停了大概有半分钟，突然发现这个人说的8位数是质数，他们因此变得非常开心，好像终于有人看懂了他们的游戏。接着E说出了一个9位的质数。这位参与者赶紧翻书，在书里查出一个10位的质数来做应答。大概5分钟后，F突然说出一个12位的质数。此时，参与者傻眼了，因为他的书里最多只有10位数的质数。

不仅是E和F，很多孤独星人对质数都情有独钟，质数仿佛是有语言障碍的他们向外界表达自己的一种方式。比如孤独星人G，他也几乎不懂数学，却花了12年的时间做了质数表，其中所载数字的数量将近800万。按照一般人的寿命，在没有机器帮助的情况下，是根本无法完成这样的工作的！

记忆大师

先不提别人，我们上面说到的“雨人”便拥有这个超凡的本领——一本书只要阅读一遍就能背诵，电话本只要看一遍便能说出其中任意一个人的电话号码。同“雨人”一样的还有孤独星人G。1954年出版的一整套九大册的《格罗夫音乐与音乐家词典》，总共6000多页，他全都记在心头，可以随意说出任意一页中任意一行的内容。

同样，还有高功能孤独星人H，他能记忆圆周率小数点后面的22500位数。一般书里记载的位数不过是几十个或者几百个而已，于是H开始在网络中寻找答案。一些网站能列出上千位数，但仍达不到他的要求。最终，H 在位于东京的一部超级电脑的网站上，找到了储存多达上百万位数的圆周率资料。接下来，他用 3 个多月来背诵，最后仅是将这 22500 位数全部说出来，就用了 5 个多小时！

在完成这项“壮举”后，H 又接受了一个挑战：用一个星期的时间，学会一门语言——冰岛语！

那么，冰岛语是什么样子的呢？来看下面的歌词：

Ó, hve létt er þitt skóhljóð
Ó, hve lengi ég beið þín
Það er vorhret á glugga
napur vindur sem hvín
Enég veit eina stjörnu
eina stjörnu sem skin
og nú loks ertu kominn
þú ert kominn til mín

Það eru erfiðir tímar
það er atvinnuþref
Ég hef ekkert að bjóða
Ekki ögn sem ég gef
nema von mína og líf mitt
hvort ég vaki eða sef
þetta eitt sem þú gafst mér
Það er allt sem ég hef

噢，你的脚步如此轻盈
噢，我已等你等了好久

窗外飞过凌乱的春雪
耳畔吹响呼啸的朔风
然而我知道九天之上
有一颗最闪最亮的星
许久过后它终于把你
带来我苦苦空守的城

尽管我曾经饱经风霜
曾无依无靠入不敷出
我没有什么可以给你
甚至都没有衣衫褴褛
幸而有希望照进生命
无论是清醒还是睡梦
你赐予我的这份希冀
成为我所仅有的全部

——Maístjarnan《五月星》

冰岛语被公认为世界上最复杂最难学的语言之一，例如，仅是1～4这几个简单的数字，就各有至少20种不同的写法，要结合上下文才知道该用哪种写法。另外，冰岛人从不借用外来语，他们用自己造的词来描述现代事物：电脑是tölva，电话是sími……

一个星期后，H在冰岛一个时长为30分钟的访谈节目中，全程用冰岛语同两位主持人交谈。他事先完全不知道主持人要问些什么。节目结束后，主持人和观众都对他赞不绝口。

人肉照相机

如果说上面是几个单项技能的展示，那么在下面这个例子中，你将看到更为神奇的表现！

一位叫斯蒂芬·威尔特希尔的孤独星人被人们称为“人肉照相机”。之所以这么说，是因为他所到之处，不需要辅助工具，如速写、笔记，只靠肉眼的观察，回去后便能仅凭记忆将原物如实地、一模一样地画下来。无论是那些结构复杂的建筑和城市风光，断壁残垣随处可见的被毁遗迹，还是凌乱不堪的地震后的惨象，皆难不倒斯蒂芬。他曾完整地绘制过东京、纽约、罗马、香港、马德里、法兰克福和耶路撒冷等地的全景图，一些细节也做到了惊人地吻合。

一次，斯蒂芬画了一座商业大厦，是一座43层高的塔楼。有人问他：

“你在画它的时候就已经知道它有43层吗？”

“是的。”

“当你第一眼见到它，当你想知道它到底有多少层的时候，你会数吗？”

“是的。”

事实证明，所有这一切都是在瞬间完成的，包括数出有多少扇窗户，总共有多少物体。大部分人走到建筑前，凝视这些建筑时，不太会花时间去关注这些，但是斯蒂芬好像自然而然就完成了，大量数字存进了他的脑子里，而且非常准确。他在以一种精确的方式观察世界，把整个景物划分成一个一个的物体，再转换成精确的数字。这是一种天赋。

空间能力、记忆力、对细节的超常观察力，一般来说，一个人可能只具备其中的一种，但它们却完整地统一在斯蒂芬身上，发生这种情况的概率只有百万分之一，因此可以说，斯蒂芬是天才中的天才。

“画面思维”

见识过了孤独星人各种令人瞠目结舌的才能之后，你肯定想知道，他们与我们的不同之处究竟在哪儿呢？

孤独星人用“画面思维”代替了“文字思维”，就好比同一件事，对孤独星人来说只有“电影版”，没有“小说版”。所以无论他们的大脑做什么样的信息处理和运算，用的都是“画面思维”。

孤独星人的“画面思维”究竟是什么样的？先来看看孤独星人 V 的故事：

在 V 的眼中，数字是有形状的，尤其是那些质数，它们看上去既光滑又圆润，就像海滩上的那一颗颗鹅卵石。所以他能像挑拣石头一般，把 9973 以内的质数都辨认出来。每个数字对他来说都是独一无二的，有自己的形象和个性。比如 11 很和善，5 很吵闹，4 既害羞又安静。他最喜欢 4，因为觉得它跟自己最像。有些数字像庞然大物，比如 23、667、1179；有些数字则显得小巧玲珑，比如 6、13、581。有些数字优美，比如 333；有些则丑陋，比如 289。

在心理学上有一种心理现象叫“联觉”，顾名思义，就是几种感觉相互作用，联结在一起。我们最常见的“色—温”联觉，即是色觉和温度感觉的结合，例如红、橙、黄色会让人感到温暖，所以这些颜色被称为暖色；蓝、青、绿色会使人感到寒冷，因此这些颜色被称为冷色。

孤独星人的“联觉”则要罕见得多，复杂得多。对 V 而言，数字并非只是一个简单的笔画，它有声音，有颜色，有形状，有质地，能代表他的喜怒哀乐。例如，1 是一道亮白色，就像手电筒的光，晃得你睁不开眼；5 会响起轰隆隆的雷声，或惊涛拍岸的咆哮声；37 像他的早餐麦片粥一样黏糊糊的；89 则让他感到仿佛飘起了雪……

对于计算，V 也有自己的偏好。他最喜欢乘方，就是将同一个数字自乘 n 次，比如 72 的平方是 72×72=5184，51 的立方是 51×51×51=132651。在他看来，这种形状是对称的，优美而有规则。每个乘方得出的数字都在他眼中幻化成独特的视觉图像，计算的数字和所得的值越大，呈现在他眼前的图像和颜色就越复杂越绚烂。就像 37 的五次方——37×37×37×37×37=69343957，这些数字构成一个美丽的图案：一个大圆圈里跳跃着几个小圆圈，每个小圆圈都按顺时针方向由顶端开始转动。

两个数字相除则会形成一个向下旋转的螺旋，而且转的圈子越来越大，越来越扭曲、变形。不同的数字相除，呈现的螺旋大小与扭曲度都不同。就是靠这样的图像，他可以很快得出 13÷97 这类除法的答案（0.1340206……），而且可以精确到小数点后 100 位。

V 只靠心算，从不动笔，因为那些数字呈现在他心里的图像就是答案。比如，计算乘法时，他会看到两个代表着不同数字的图形，它们会发生改变，然后第三个图形就出现了，这就是正确答案。奇妙的图形变换只需要几秒钟，就在他心里自然而然地发生，不需要刻意去想。

两个数字被他看成特殊的图形，它们面对面而立，中间有空白，那是第三个图形出现的地方，也就是相乘的答案：6943。

不同的计算在他心里会投射出不同的图像，不仅如此，一些特定的数字还会引起他不同的感觉。例如，乘以 11 的时候，他心里会有塌陷的感觉。在所有的数字里，6 最难记，因为它无法呈现出特定的形状，也没有质地，仅仅是一个小黑点，就像缝隙或小洞。

有时，在晚上入睡前，他眼前会出现一道亮光，接着是成百上千的数字游来荡去，那感觉美极了，如同仙境。假如晚上 V 有点儿失眠，他就会想象自己漫步在数字的风景里，安详又快乐。他从未在里面迷路，因为质数就像路标一样为他指引着方向……

再回过头来看看前面提到的双胞胎孤独星人计算天才 E 和 F。如果你问他们："你们是怎么记得住那么多事情的，比如 300 位数字，或者几十年前数不清的琐事？"他们会很简单地答："我们看得见！"他们的脑中存储着大量的画面，比如各种风景和人物外貌，这些画面都是他们曾听过、看过、想过或做过的事情，只要眼睛一转就能唤起这些记忆，并且看到画面中的细节。所以他们思考时的样子看起来不是想起了什么，而是"看"到了什么——他们的眼珠快速转动，就像在扫描看到的信息，然后突然停下来。当一盒火柴从桌子上掉下来，散了一地，他俩会不约而同地说出"111"，当别人问他们："你们怎么能算得这么快？”他们会回答说：“我们没有算，我们看到了 111。”

还有能背出圆周率小数点后 22500 位数的 H。在背诵的时候，他把数字“描绘”成风景画。他首先把一串长的数字分割成不同的小片段：如果某个数字是很亮的颜色，而紧跟着它的数字发暗，他就会把它们分割在两个不同的片段里；如果数字样子看起来平整，紧跟的数字也如此，他就将它们放在一起。数字越多，组成的风景就越复杂，它们鳞次栉比，构建成了他心底的“数字城堡”。背诵圆周率的过程就是一个不断“搭建城堡”的过程。

下面是孤独星人 J 用“画面思维”来解决一道高中数学题的过程。大家可以先不看他的答案，用自己的方式算一下试试。

这道数学题是：

房间里共有 27 个人，如果每个人分别跟其他所有人握手，那么所有人合计握了多少次手？

思考这道题的时候，孤独星人 J 闭着眼睛想象一个大泡泡里住着两个人，大泡泡外面黏着半个泡泡，里面是第三个人。大泡泡里的两个人彼此握手，然后又与半个泡泡里的第三个人握手，合计握手 3 次。接着，又有第二个半个泡泡黏在了大泡泡上，第四个人就在里面，大泡泡里的两个人继续和第四个人握手，分处在两个半个泡泡里的第三个人和第四个人也彼此握手，总共握手 6 次。然后又增加了一个半个泡泡里的人，5 个人彼此握手，共计 10 次。

握手次数的排序是这样的：

1、3、6、10、15……

这些数字可以以点的形式排列成如下的三角形：

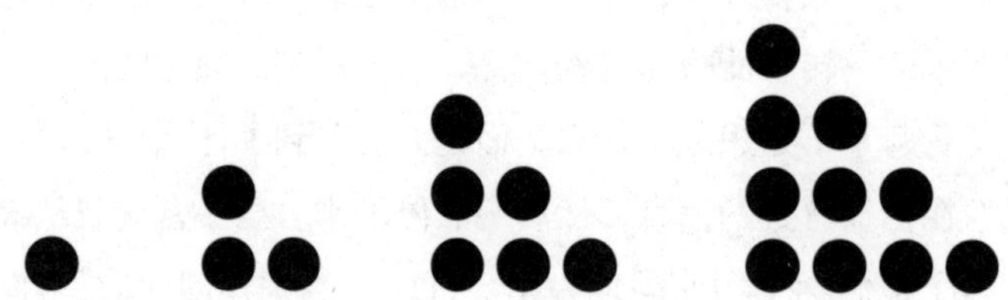

三角形的数字是这样得出来的：1+2=3，1+2+3=6，1+2+3+4=10，1+2+3+4+5=……

如果你留心观察，就会发现，前后两个三角形数字加在一起就得出一个正方形的数字。例如，6+10=16（4×4），10+15=25（5×5），把6个点的图形旋转过来，放在10个点的图形的右上角，就能得到这个结果：

知道了握手谜题的答案一定是个三角形数字后，J找到了解答的模式。首先，第一个三角形数字一定是1，而这个数字是从两个人得来的，因为握手最起码也要两个人，如果三角形数字的排列是从两个人开始的，那么排列里的第26个数字，就应该是27个人彼此握手的总和。接着看10这个数字，即上面排列里的第四个数，它跟4有关：（4+1）×4/2，排列里的其他数字也都符合这个算式模式，即（n+1）×n/2，例如，第五个三角形数字（5+1）×5/2=15。因此，这道谜题的答案算式是（26+1）×26/2=27×13=351，27个人彼此握手次数的答案就是351次。

在现代社会，地球人也在尝试着依靠计算机技术来体验“画面思维”，比如靠佩戴特别的眼镜来全身心地投入视频游戏之中。但是这些技术跟孤独星人的“画面思维”比起来，简直是小儿科，像粗糙而落后的卡通片，而孤独星人的“画面思维”则堪比好莱坞制作的《阿凡达》里的逼真特效。当孤独星人构思某样东西或者解决某个问题的时候，他们的头脑中好像有一盘录像带，他们可以从任何一个角度观察，同时还可以旋转角度。不需要借助任何电脑程序，他们仅靠大脑就能完成复杂又高难度的图形分析任务。

但是，“画面思维”也是把双刃剑，如果一个人只是用画图的方式思考，就不会了解非视觉性思考方式是什么样的，就会错失语言的丰富、朦胧、意境和深度。这也导致了孤独星人在情感方面的缺失。

高功能孤独星人K表示，读《罗密欧与朱丽叶》的时候，她快发疯了，因为她总是搞不清他们要干什么；读《哈姆雷特》的时候，她也搞不清这部戏的来龙去脉。原因在于，她不能跟那些角色产生情感共鸣，不能同情那些角色，不能理解复杂的戏剧创作动机与目的。她说她能够了解“简单的、普通的”情感，却被更为复杂的情感困扰。

有一次，她跟一群地球人一起驾车赶往国家公园。他们选的是一条布满恐怖的急转弯的惊人路线。一路上，身边不时闪过陡峭的悬崖，脚下则是巨川咆哮的峡谷，时而还会看到大片的常绿植物、青苔和蕨类。每个人都为拐角处的奇景欢呼雀跃，唯有K呆坐着面无表情，不为所动。“风景很美，”她重复说着，“但是它们并没有给我一种特殊的感觉，你们说的那些快乐，我感受不到。”

曾有人问过K：“你爱过一个人吗？”

K说：“我从来没有陷入过情网，我不知道坠入爱河是什么感觉。”

“那你想象那是什么感觉呢？”

“也许是一种温柔的感觉吧……我也不知道。”

“感觉不到爱会痛苦吗？”

“是的……我想，很多时候，这正是我生命中的遗憾。”

我们又何尝不是“外星人”呢？

其实说到这里，也许有些人已经猜出来地球上根本就没有什么“孤独星人”，我所谓的孤独星人其实就是自闭症患者。而前面提到的“高功能孤独星人”则是“高功能孤独症患者”，也称为“阿斯伯格综合征”。阿斯伯格综合征和自闭症的区别就在于，自闭症有社会隔绝、智力发育迟滞、语言缺陷和刻板行为的特点，而阿斯伯格综合征则只有社会隔绝和刻板行为，不存在智力发育迟滞和语言障碍。

那么自闭症是怎样产生的呢?

从心理病因上来说，一开始人们认为自闭症是父母的养育方式导致的，尤其是那些有完美主义、淡漠特点的父母。为此还特地发明了一个词，叫“冰箱母亲”。后来，人们发现自闭症儿童的父母，与那些没患自闭症的孩子的父母其实也没有什么不同。

还记得我们前面说过，自闭症患者倾向于用第三人称代词（他/她）来代替第一人称代词（我）吗?举个例子，如果你问一个有自闭症的孩子:“你想要喝点儿什么?”他可能会说:“他想随便喝点儿东西。”这种现象让一些专家怀疑人们患上自闭症可能跟“自我意识”的缺失有关!想象一下，你不能意识到自我的存在会是怎样的情况，那时“我”不存在，仅有“他们”!

总而言之，几乎没有一种心理疾病是由单一的病因引起的，自闭症也不例外!它的出现还跟基因和神经系统的缺陷、染色体变异、分娩时的并发症等有关。

之所以把自闭症患者称为“孤独星人”，是因为他们有很多地方和我们大不相同。但是自认为是正常的地球人的我们，在他们的眼中，又何尝不是怪异的“外星人”呢，因为我们的很多举动同他们比起来也是不一样的。

有意识的自闭症成年人，还有他们的父母，经常会为自闭症动怒。他们会问:为什么大自然或上帝会创造出自闭症、躁郁症和精神分裂症这类可怕的疾病?

然而，如果导致这些状况的基因被消除了，人们可能要付出很大的代价。有这些病症的人，很有可能更富有创造力，甚至可以称得上天才……如果科学消除了这样的基因，整个世界也许就会被“普通的地球人”所控制了!

所有的存在都不应该被轻视，所有的差异都应该被理解。缺陷、不适和疾病，未必就是生命中不可承受之重，它们会产生另一些发展、进化与生命的形态，激发出我们远不能预料的创造力!

第二章

“被拿掉支杆的稻草人”

——潜意识的神妙世界

HARDCORE PSYCHOLOGY

十步杀一人，千里不留行。
事了拂衣去，深藏身与名。

这是李白《侠客行》中的句子，如此洒脱自由，“杀人于无形”，我觉得用来形容潜意识再合适不过了。

“只是因为弗洛伊德在人群中多看了潜意识一眼，从此人们再也不能忘掉它容颜。”在弗大爷看来，人类的心理分为三部分：意识、前意识、潜意识。意识是人们当下能够意识到的所有思想、情感和知觉。不管你正在感受着什么，或者正在想着什么，它们都处于你的意识层面，而这些只能算是一小部分对你有用的东西。

还有一些东西，不像意识那样时时刻刻存在，但如果有需要的话，它们随叫随到，这就是前意识——一些能够轻易进入你脑中的记忆、想法等。比如昨天你穿什么样的衣服？小学六年级的时候，你最要好的朋友叫什么名字？关于你母亲，对她最早的印象是什么？这些信息都存储于前意识中。

最后便是潜意识了，相对前两者而言，潜意识称得上“神龙见首不见尾”，它从来不为人们所意识到，却能让人们在谈笑间搞定一切！这看上去高深无比、神秘莫测的“大内高手”，才是人类心理中最主要的成分。怎么说呢，如果按比例来算的话，意识和前意识占了 5%，剩下的 95% 便都是潜意识。

以下是非常有名的潜意识冰山：

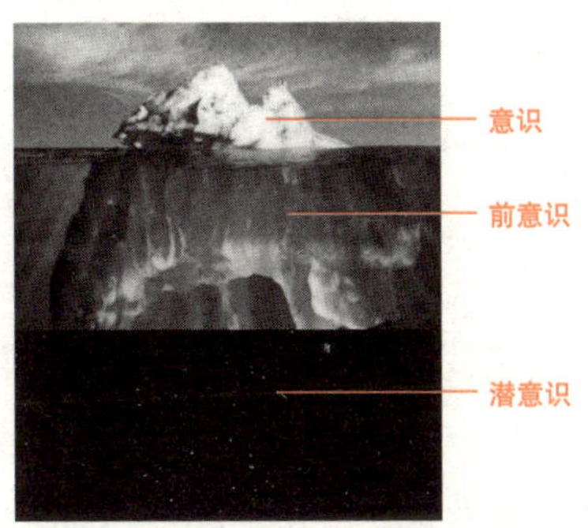

冰山在水面以上的部分代表意识，我们能够看见的刚好在水表面以下的部分代表前意识，水面以下完全看不见的部分代表着潜意识。

潜意识就像一个冲洗胶片的暗房，每个人外在的生活状态，都是从这个地方冲洗出来的。所以，塑造出今天的你的，不是你的姓名、工作、着装、父母、邻居，或者你开的汽车，而是潜意识！它通过一点一滴的影响，将一幅又一幅的图景叠加在你的生活中，将现实生活中的你塑造成了潜意识中的那个你。这不禁让我想起了阿根廷诗人博尔赫斯的几句诗：

“有一个人立意要描绘世界。随着岁月流转，他画出了省区、王国、山川、港湾、船舶、岛屿、鱼虾、房舍、器具、星辰、马匹和男女。临终之前不久，他发现自己耐心勾勒出来的纵横线条竟然汇合成了自己的模样。”

潜意识的信息量之惊人，内容复杂程度之高，不是意识这等凡夫俗子可以想象的。有一句话怎么说？如果说意识是小聪明的话，那么潜意识就是大智慧！而且在潜意识中隐藏着许多不能被意识和前意识接受的东西，它们有可能是肮脏罪恶的，是违背道德伦理的，还有可能是惨绝人寰、灭绝人性的……总之，如果让意识知道了这些，恐怕它会疯掉，进而人会躁狂和崩溃。如果非要让潜意识对意识说点儿什么，那就是：“少年，你真是太天真了……”

潜意识几乎包揽了人性中所有的“罪大恶极”，才使得意识能够以正常的状态示人。从这种层面上来说，潜意识无疑对意识起到了一个保护作用，因为社会是不允许人们毫无顾忌地表现自己的各种性本能和攻击本能的，解决的办法是一开始就把它们拦截下来，不让它们进入意识层面！例如，一个对父母非常生气的孩子，可能会有一种希望父母死掉的想法，但这种想法会让孩子非常难受，所以孩子会试图阻止这一想法进入意识层面，并把它们压抑在潜意识中。

平日里，虽然无时无刻不被潜意识的强大“内力”影响着，但我们唯一能跟它通上气的时候恐怕只有在梦中和催眠里。潜意识凭着一身“本事”，真会这么甘于寂寞，安心蛰伏在内心深处一动不动吗？答案当然是否定的。不信？那就来看看潜意识在几次“微服出访”中留下的踪迹——

潜意识的“马脚”

“一不小心的事”——失误

在日常生活中，我们每个人总会在不经意间犯些小错误，比如，一个人本来想说某件事却说错了词（口误），或者想写某句话却写错了字（笔误）；又或者一个人在阅读文章时，所读非所见（误读）；再或者他将别人说的话听错（误听）。

我们通常觉得出现这些失误是鸡毛蒜皮的小事，不值一提，再正常不过，而且会有许多理由来做解释：

A. 有些疲倦或不舒服。

B. 太兴奋。

C. 注意的事情太多，分心了。

一个人可以自动执行许多程序，即使很少有注意力参与其中，同样可以做得准确无误。比如一个散步的人，几乎没有考虑往哪儿走，但他一直走的是正确的路线，并毫无偏差地走到目的地；一个熟练的钢琴家可以不假思索地准确敲击琴键，下意识地演奏出美妙的音乐。所以如果说失误是因为注意的事太多，分心了，显然不能成立。

与之相反，有的时候越渴望成功，不敢分散一丝一毫的注意力，却往往更容易出错。也许有人认为这是由于“太兴奋”导致的，但是为什么兴奋不能反过来促进注意力集中，去达成人们期望的目的呢？而且很多人虽然没有感到疲倦、兴奋和心不在焉，在一切都处于正常状态的时候，也仍然会发生一些失误。

说这些，其实只想说明一点：以上三条看似是解释，实则是借口！“世上没有巧合的事，只有巧合的假象。”每一次口误、迟到、摔坏其他人的东西等小失误，都是有其特定的原因的，这些蛛丝马迹、林林总总皆是潜意识的表达。

比如，一个人把另一个人的名字“Frank”错喊成了“Fag”，而“Fag”在英语俚语里是指男同性恋，这个人内心深处对同性恋的歧视就昭然若揭了。在宴会上，女主人想对一个男客人说：“你可以吃和喝你所想要的东西。”但是，她实际说成了：“你可以吃和喝我所想要的东西。”她的言外之意是：他可以吃和喝他所想要的东西，但是他想要什么我已经替他做主了。同样，一位解剖学教授讲解鼻腔的结构，当讲课结束时，他问听众是否能理解他讲的东西。在得到肯定的答复后，他说：“老实说，我有些不信，因为即使在一个拥有几百万人口的繁华大都市中，能充分了解鼻腔解剖结构的人，也一指可数……不，不，我的意思是屈指可数。”其实他真正想说的是：懂鼻腔结构的人只有他一个！还有一个人谈到一件他反对的事情时，他说道：“事实是‘暴龊’的……”其实他是想说这些事是暴露和龌龊的，但是不小心合成了“暴龊”。

时隐时现的记忆

凯特是一名大学教授。1992年，他姐姐给他打来电话，说他的外甥参加了一个男童合唱团，正好就是凯特小时候参加过的那个。听到这个消息，凯特并没有为外甥步其后尘而高兴，而是感到一种莫名的忧伤。在接下来的几个星期里，他越来越烦闷，越来越焦躁不安，甚至开始跟老婆发火，夫妻关系也开始恶化。但是他没有把这些麻烦与姐姐打来的那通电话联系起来。

不久之后，凯特隐隐约约想起一个男人，这个男人叫法墨，是他在男童合唱团时的一名管理员。凯特在10～13岁时参加了这个合唱团，而如今他已经38岁了，25年后，他第一次回想起跟法墨有关的事：一天晚上，法墨进到他的睡棚，坐到他的床上，触摸他的胸部，然后是腹部，最后将手伸入了他的内裤……这个人已经在他的记忆中封存了25年之久。

为了收集自己遭遇性骚扰的证据，凯特雇用了一名私家侦探。结果令人吃惊，法墨早在很多年前便被合唱团解雇了，因为他与合唱团的那些小男孩儿"关系过于亲密"；除了凯特以外，还有118人当年受到过法墨的猥亵，但是他们对此绝口不提。至此，凯特更加相信自己被性骚扰的记忆是真实的，于是，他决定直接去找法墨谈谈。他拨通了法墨的电话，在电话里，法墨毫不费劲就记起了凯特。法墨问道："我可以为你做点儿什么？"凯特说："能否告诉我，你是否为当年对我和对其他男孩儿做的事感到内疚？"法墨承认自己某天晚上确实到凯特的睡棚里骚扰了他，也承认骚扰了其他人，还承认自己知道对儿童做这些行为是违法的……他们谈了将近一个小时，凯特对电话进行了录音。

随后凯特起诉了法墨，法墨被捕入狱。

一个人可能遗忘诸如性侵犯这样的创伤性事件吗？沉寂多年的记忆，会因为偶然的事件，比如一通电话，再度浮现吗？一旦恢复了对往事的记忆，它会导致抑郁和被焦躁不安等情绪困扰，而本人还不知道其中原委吗？所有这些问题的答案皆可以用潜意识来解释！

就像前面所说的，意识不愿面对和承受不了的东西，通通被"下放"到潜意识之中。在风平浪静的意识的表面之下，是一个暗流汹涌的潜意识世界。当潜意识中"黑暗物质"积攒太多的时候，不免会产生动荡，影响到意识领地。而这些影响的表现就是各种负面情绪和心理疾病。可以说，一切心理疾病的根源都是潜意识出了问题!

回到凯特的例子，好端端的记忆突然凭空消失，若干年后再次浮现，正是潜意识的“杰作”！它把凯特童年时那段痛苦不堪的记忆压抑住了，不让它出现在意识里。就像另一个例子：X先生爱上了一位小姐，可惜他的追求没有成功。不久，这位小姐嫁给了Y先生。虽然X先生早就认识Y先生，而且和他还有很多业务上的往来，但是他总是一再忘记Y先生的名字，以至于每当给他发邮件的时候，X先生都不得不向别人询问Y先生的名字。显然，X先生的潜意识想将他可恶的情敌从意识中彻底抹去，“永远都不要再想到他！”。

“视而不见”——盲视

早些年的子弹不像现在的，那时候它们要慢一些，而且效果更加离散，所以子弹穿过大脑会形成一个干脆利落的孔道，并不怎么影响周围的其他组织。于是有些受害者在大脑变成了甜甜圈的形状后，依然能够幸运地存活。这要是放在今天，同样的创伤路线，子弹基本能让脑浆变成爆米花，让受害者一命呜呼。

而T先生，就是早年大脑中枪后幸存下来的一位。但他也并不是毫无损伤，枪伤给他留下了一份奇特的礼物——一个完整的视觉系统，和一个完全被破坏的视皮质。简单地说，就是T先生的视觉前端接收装置——眼睛没有问题，可以接收视觉信息，但是他的视觉后台系统崩溃了，没法处理和分析接收的视觉信息。再简单一点儿说，他成了“睁眼瞎”！

我们还知道，在人类行为中，“脸”扮演了一个特殊的角色。这就是为什么尽管男人们通常关注的并不是脸，但古希腊的海伦依然被形容成拥有一张“倾国倾城的脸”，而不是“倾国倾城的胸”。无论男人对女人的身材多么关注，女人对男人的肌肉多么热衷，人类大脑里却没有专门分析肱二头肌和屁股曲线的地方，却有一个独立的区域用来分析脸——梭状回面孔区。要说明我们大脑对脸的特殊待遇，请看下面这张颠倒的美国前总统奥巴马的图片。

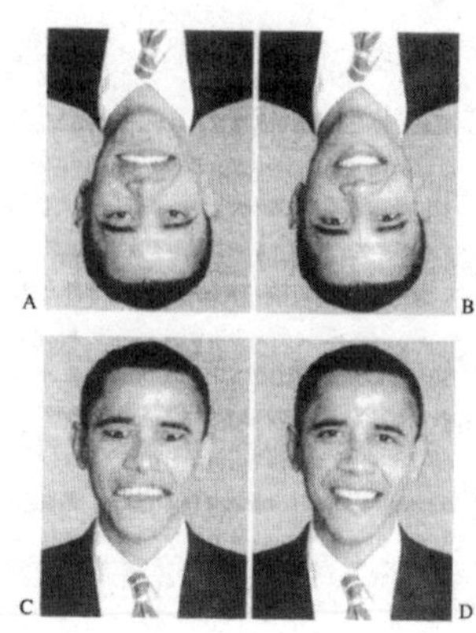

在这组图中，图 C 看起来很扭曲，而图 A 看起来没有什么异常。事实上，A—B 与 C—D 上下两组图是一模一样的，不信你把书翻转 180 度看一下就知道了。为什么会产生这种差距呢？就是因为你的大脑向“脸”投入了更多的精力，所以更擅长发现那些正面朝上的面孔的扭曲，而图 A 对大脑来说看上去不是那么像“脸”，所以被忽视了。

通常，我们是通过观察别人的脸来快速判断他们是开心还是难过，满足还是不满足，友好还是危险，所以说，面部表情是我们交流的关键，而且我们对突发事件的态度也真实地反映在面部表情上，很难被抑制或者伪造。至于“喜怒不形于色”的说法，只是针对整体的、大面积的表情而言，细微之处终究难逃脱泄露内心真实想法的命运。所以才有了一门专门通过表情“洞察人心”的学科——微表情。这也说明，人的表情在很大程度上是由潜意识控制的。

那么 T 先生的“睁眼瞎”和人类的“脸”之间会有什么联系呢？来看下面这个实验：

在 T 先生面前放上一组人脸图片，让他分辨图片中谁的脸是开心的，谁的脸是不开心的。

这个实验听上去有些可笑，因为我们都知道 T 先生的视觉后台分析系统已经完全瘫痪了，他能“看到”东西，但不知道看到的是什么。

实验的结果却非常神奇，“睁眼瞎”的 T 先生竟然在三分之二的情况下都正确地辨认出他所“看到”的脸是开心的还是生气的。我们可以看出，虽然他的意识已经不工作了（视觉属于意识范畴），但他的梭状回面孔区，也就是潜意识所掌管的区域，依然在正常地接收、分析着图像。所以T先生才能在不知不觉的情况下正确地识别出那么多面孔的表情。

几个月之后，另一组研究者也找到了T先生，想让他参加另一组实验。是什么呢？如果你突然感觉就要踩到一只躺在地上的猫时，可能会下意识地避开，这个自动避开的行为是由你的潜意识主宰的。这正是这组人想在T先生身上进行的实验。他们提议，观察一下T先生在没有拐杖帮助的情况下，走过一个堆满杂物的走廊的情形。一开始T先生非常不愿意，他觉得“我是个盲人，你们这是在拿我开玩笑”，后来在研究者反复恳求下T先生同意了。结果出乎所有人的意料，包括T先生也没有想到——他顺利地从走廊中走过，途中避开了一个垃圾桶、一堆废报纸和几个盒子，一次也没有跌倒，也没有撞上任何物体！当T先生被问到是如何完成这个任务的，他自己也解释不清楚。

T先生这种毫无视觉感知能力，却能够对眼睛接收的视觉信号做出反应的行为，被称为“盲视”！盲视是一个很古怪的病症，但是它让我们知道我们的大脑中除了“意识”外，还有“潜意识”这套独立运行的系统。

下面是另一个“另类的”盲视案例，个中意味还请大家自己体会。

W先生口述：

几年前，我和妻子之间有许多误会。尽管我愿意承认她是个没有坏心眼的人，但我觉得她太冷淡了，我们在一起生活缺乏柔情。有一天，她从外面回来，给了我一本她买的书，以为我会对这本书感兴趣。我对她的“关心”表示感谢，答应会仔细阅读这本书，但是事后我随手就把它扔到一边了。偶尔我会想起这本书，却找不到了。

大约6个月后，我的母亲病了，妻子承担了照顾我母亲的重任。在这个过程中，我发现她身上有很多我以前没有发现的美好品质，我对她的感情又日渐深厚起来。一天傍晚，我回到家里，满怀对妻子的感激之情，下意识地走到书桌旁。当我毫无目的但带着几分模糊的信心打开抽屉时，发现抽屉里的最上面，竟是那本我找了很久却遍寻不见的妻子送给我的书。

“请自行脑补！”

潜意识不仅有时会代替意识翻译感官的数据，还会提升、改善这些数据，而且它必须这么做！因为我们感官传输的数据质量非常低劣，必须将这些数据整理好才能使用。举个例子来说，视网膜上有一个点叫“盲点”，如果一个物体的影像刚好落在这个点上，就会看不到。正常情况下，你并不会感觉到这个盲点，因为大脑会根据从这个点周围获取的数据来填补这个漏洞。为了让大家感受一下盲点的存在，我们人工制造了一个可以发现盲点的情况：

请看下面这幅图，把本书放在离你的脸一尺（约 0.33 米）远的距离，闭上你的右眼（或者用别的东西挡住），然后，用你的左眼看下面数列中的数字“1”。这时，在你的视野边缘依然可以看见左边的那张“哭脸”。现在，头保持稳定不动，用左眼从“1”向左依次看向“2”至“9”，你会发现，那张“哭脸”就会落入你的盲点，大概会在你看到数字“4”的时候消失，然后看到“6”的时候重新出现！

☹　　　　9　8　7　6　5　4　3　2　1

为了弥补盲点的存在，人的眼睛每秒钟都会微微改变位置，我们可以把这种眼部活动称为“微扫视”。它可算得上人类身体所能进行的最快的运动了，以至于没有特殊仪器的帮助，你根本无法观察到这种快速的活动。举例来说，当你读这些文字的时候，眼睛就在沿着字列进行着一系列的扫视；而当有人跟你说话的时候，你的目光就会在对方的脸上游走。控制着你眼球的那六块肌肉成了最辛苦的家伙，一天之内的运动就有 10 万次！

如果把眼睛当成一台简单的摄像机，因为它需要不停地“扫描”，而“扫描”会使机身颤动，因此，这种情况下“录下来”的东西模糊得根本没法看。

但是大脑，具体说是潜意识，会默默地帮助它做剪辑和调整，来弥补眼睛抖动造成的画面混乱。

当眼睛传递数据时，还存在另一个问题，就是“周边视觉”。当你伸出手，看大拇指的指甲，你会发现视线只集中在指甲盖，或者是指甲边缘。哪怕你有再好的视力，指甲外区域的视觉清晰度，大概也跟一个重度近视患者看到的没什么两样！

我们再来做一个实验，站在一米开外，然后看下面第一行中间的星号（*），请一直把视线固定在星号上，你可能正好能够看清 A 和 F，然后发现看 E 的时候有一点儿困难，而且不太能看清其他字母了。现在下移到第二行和第三行，你会发现，增大的字母给了你一些帮助，但是你仍然看不清其他字母，这就是周边视觉产生的效果。

PZLEFA*AFEQCA

GCDEFA*AFEZPO

PGLEFA*AFEDCR

盲点、扫视和糟糕的周边视觉，都会带来严重的问题。比如，你看你上司的脸，视网膜向你呈现的其实是一个模糊的、颤动着的、在脸的正中央有一个黑洞的人。但是生活中为什么我们没有让这样的情况发生呢？因为潜意识自动处理了这些数据：将两只眼睛接收的数据合并，移除所有颤动造成的瑕疵效果，根据邻近的视觉填补盲点造成的空缺。

“没有你我怎么办”

我们看过了这么多潜意识在生活中的表现，也见识到了它的诸多神奇之处，下面我有一个大胆的假设：假如一觉醒来，潜意识消失了会怎样？

首先，从你醒来，试图起身下床时就和以前不一样。人类有一种称为本体感觉，又叫作肢体位置感觉的“第六感”，这种感觉时时刻刻在监视我们身体的知觉，接收肌肉、关节反馈回来的信息，让我们知道自己肢体的位置，来调整身体。比如，当我们举起左臂时，会不自觉地把身体的重心往身体右侧移动，以保持平衡，否则会有倒向一边的危险。

本体感觉很重要，但我们平日里基本不把它当回事，察觉不到它的运作，往往不知不觉就可以站立、闭上眼睛、保持平衡……只有在失去的时候才会发现它不可替代，比如Q先生的情况：

Q先生在他19岁的时候神经受损，完全丧失了本体感觉。此后他就像《绿野仙踪》里那个被拿掉支杆的稻草人，他想要站起来的时候，四肢只会纠结地瘫软在地上。当把注意力集中在手脚上时，他可以控制它们，但只要他一不留神，它们便开始不由自主地乱动起来。后来，Q先生鼓足勇气努力练习，利用意识的注意力取代无意识的本体感觉，才逐渐重新获得一部分控制身体的能力。他全神贯注地注意自己的身体，并不断学习走路、穿衣服，甚至开车。可是只要看不到自己的身体，就会出问题：有一天，他站在厨房时，家里突然停电了，整个房间一片漆黑，于是他也“停电”了，跌倒在地。因为他看不见自己的身体，也就无法再控制它。

还有，看过前面内容我们知道，潜意识要翻译和“脑补”感觉通道中传来的信息。说白了，就是你看到的光线、听到的声音、触摸到的温度，都需要经过潜意识的处理才能呈现真实的模样。如果潜意识消失了，那么世界看起来就会像一团混乱的像素与颜色，而不是组合成有意义的三维空间影像。这样来说，想象我们的大脑没有潜意识会变成什么样子是没有意义的，因为意识依赖的是潜意识的运作，如果没有潜意识，我们也意识不到什么。就好比没有计算机复杂的软硬件系统运作，计算机屏幕上的东西就不可能存在一样。

这里我们假设X先生是一个没有潜意识的人，现在X先生打开电视机，听到新闻报道说：“相亲男伸出狼爪，第一次见面就将女方强奸。”当你读这句话的时候，不必逐字停下来查阅脑袋里的词典，它们的意思就会立即浮现，无须思索。因为你的潜意识正在私下里狂热地处理着这些数据。然而 X 先生却没有这种迅如疾风、快如闪电的查阅能力，每读到一个词，他都必须努力想一下是什么意思，甚至他能不能读取脑袋里的词典都是个问题。不过为了使例子更丰满，我们就假定他能。

当你听到“相亲男伸出狼爪”时，你会毫不迟疑地理解成这个相亲男是个色魔、臭流氓，不会考虑其他的意思，比如：相亲男伸出了玩具狼的爪子，或者他跑到野外捉住一匹狼，然后剁下了它的爪子……

但是可怜的 X 先生，就不得不停下来仔细想一下每个词的不同意思，然后看它们怎样可以连贯起来。在他还没想通时，新闻主播早已播报下一条“热浪席卷南方各城市”的新闻了。这会让他更加困惑：南方是不是要发生海啸了？

除此之外，没有潜意识的 X 先生在生活各个方面都举步维艰。当我们过马路时，看到货车冲过来，不用想就知道有危险，要立即跳开。但是 X 先生无法在当场感受到那种骤增的惊恐，他必须要等看到或者了解到卡车对人造成的伤害时，才会猛然一惊。所以当卡车冲向 X 先生的时候，他可能会拿出笔记本上网查一下这种情况造成的后果是什么，再做出反应。同样，我们跟某个女性初次见面时，瞬间就能判断她是什么样的人，她可能会做什么样的事，对她的印象是好是坏，全部过程用不了几秒钟。但是 X 先生却办不到。他最有可能的做法是把对方的特征逐一列在小本子上，随机组合，然后忘我地做着各种可能性的复杂分析……

如此看来，归根结底，潜意识是不可或缺的，没有潜意识就没有意识。

“打仗亲兄弟，上阵父子兵”

现在我们知道人的大脑中同时有意识和潜意识两套系统存在，就像我们有两个肾、两个肺一样，有双份系统相互备援。但是意识跟潜意识的关系又跟双肾、双肺有所不同：意识和潜意识互不相同、各司其职、各尽其责。比如说：

潜意识是复合系统，意识是单一系统。

这点从大脑受损的病人身上可以看出来。大脑的不同区域代表着不同的潜意识功能，比如说，大脑的某区域受损可能会影响记忆能力，但学习能力则不受影响；中风可能会使语言能力受损，但不影响其他能力。就像我们上面提到的 Q 先生，他的大脑某个地方受到损伤，影响了他的本体感觉的功能，但是对他其他方面的潜意识能力并没有影响。如此说来，潜意识就好比一个“并联电路”，其中一条电路受到破坏，并不影响其他电路的正常运行。

那么意识是什么呢？

意识是一种知觉，相当于“观察者”，比如：老师刚烫了新发型，你的好朋友对你的画的评价，从电脑里传来的优美音乐，等等。你察觉到这些外部事物的存在，说明你意识到了它们。同时，意识还是“指挥者”，它不仅能观察和感觉外在的事物，还能根据这些事物反馈的情况，积极主动地调控和管理身心。所以除了极特殊的情况，比如多重人格，意识可能分裂成两个或两个以上的独立系统，在绝大部分情况下，意识就是单一的系统。这样来说，意识可以被看作一个“串联电路”。

潜意识是“马上解决”，意识是“事后再说”。

人类有一种潜意识的“危险侦测器”，可以在意识注意之前估量所接收的信息，如果它判定有威胁，就会马上做出恐惧反应。但是“世间安得双全法”，这种潜意识因为分析速度非常快，也很容易出错。这时如果有个“稳重”的处理系统来修正错误，就再好不过了。于是意识出场了，虽然它比较慢，但是可以提供更详细的环境分析，修正因快而犯下的错误。

假设你走在路上，突然看到路中间有一条细长的褐色皮质物，你的第一个念头是“蛇”！于是连忙停住脚步，倒吸一口气。然而，待进一步分析，却发现原来只是一根树枝，这才继续前行。你的潜意识先对那根树枝进行了一次初步的粗略分析，之后意识再进行一次更详细的分析。意识和潜意识的这种合作搭档对我们来说是极好的！

潜意识是“着眼当下”，意识是“长远考虑”。

虽然潜意识能及时发现当下的问题，并快速做出反应，但它无法预期明天、下星期或者未来会发生什么事情，当然也就无法根据预期做事先的计划。不仅如此，潜意识还无法思考过去，无法将过去和将来整理成连贯一致的事件。潜意识真是实实在在地“活在当下”啊！

而在自然界中，具有“未来”与“过去”的概念，能做长远计划的生物，才会有较大的生存优势。尤其是对低等动物而言，计划未来甚至成了一种本能，比如松鼠“知道”要储存坚果以备冬天所需，候鸟“知道”何时要南飞到更温暖的地方。对我们人类而言，农耕也需要有过去的知识和未来的计划。那么人类的这些预期、设想和计划都由谁来做呢？就是意识！

我们生活中有很多冲突便是由意识跟潜意识这种不同的分工造成的。比如说，一个人对未来有详尽的计划和目标，想达到某种成就和高度，于是意识选择让他待在家里，好有更多的时间去努力。但是他的潜意识非常喜欢热闹，爱参加各种聚会、与人打交道。潜意识和意识这种“眼前”和“未来”冲突的结果，就使他本人闷闷不乐！

潜意识是“自动挡”，意识是“手动挡”。

人在骑自行车的时候，可以毫无障碍地思考其他问题，或者与别人交谈，却没有意识到自己是如何维持车的平衡的；一个人可以边熟练地弹奏钢琴，边演唱歌曲，不用去考虑怎么“分工”……这些不知不觉又轻松自如的行为，都是在潜意识的作用下完成的。它让我们一旦学会这些复杂的行为，无须刻意留心怎么做，便能自动做出来。就像在体育比赛中，选手一旦进入“状态”，不用刻意去想怎么做动作，就可以做得很好。

同样，我们也不常设想要怎么思考，它就已经开始自动思考了。正如弹钢琴可以成为自动化一样，大脑对信息的处理方式也可以变成自动化。比如我们在聚会中，潜意识一边阻隔身边其他人的交谈对自己的干扰，一边又在“监视”着这些人的谈话。所以当某个人的谈话中偶尔提到你名字的时候，就会引起你的注意，朝他（她）张望过去……

潜意识的这种“自动化”还体现在我们跟某人初次碰面的时候，常常会不知不觉地将他（她）归为某类人。别小看这个“归类”，它的背后可是需要潜意识进行复杂而大量的处理工作，比如首先将接收到的信息分门别类：种族、性别、年龄等等，再检索自己的“信息库”，逐条匹配和分析……我们做这些事情的时候是毫不费力、轻松自如的。相比之下，意识的思考则要费神得多，因为它涉及集中注意力的问题。

收了潜意识！

N 是一位著名的电器设备发明家，当他心中有了一个新的想法时，他会先构想它的雏形。然后他知道，潜意识会自然而然地向他呈现其他细节。他从来不刻意去想应该怎样改进，也不过分探究，他只是随意而为。面对作品时，那些想法会自然而然地涌出，填补他的构思。因此，N 每次设计出来的产品都是成品，20 年来无一例外！

F 是一位著名的化学家，他在实验室里工作了很长时间，他想知道 6 个碳和 6 个氢原子组成汽油时，它的分子式是怎么排列的。这个问题困扰了他很久，一直没有找到答案。一次，他在打盹的时候，潜意识突然向他提示：一条蛇在咬自己的尾巴，并且盘旋运动，像个玩具风车……一下子，他的问题解决了！后来人们所知道的苯环原子环形排列，就是这样产生的。

A 教授是一个著名的自然主义者，几个星期来一直在辨认石板中一个鱼化石的种类，但是这个鱼化石从外表看有些模糊不清。疲惫之下，A 教授暂时放弃了辨认。一天晚上，他梦到了这条鱼没有被辨认出来的部分，他努力想记住梦中鱼的细节，但是想不起来了。他回到工作室，想看着鱼化石去追忆梦中的印象，但是毫无结果。第二天，他又梦到了鱼，但是醒来后又忘了。第三天晚上睡觉前，他在床头放了一支笔和一张纸，希望能再梦见鱼。在早晨快醒来的时候，他果然又梦到了，而且记得很清楚！他终于用笔将鱼画了下来。天亮时，他匆忙赶到工作室，用凿子按他在纸上的草图凿了起来，当鱼化石完全暴露时，与他画的鱼完全一样！

40 多年前，D 是一位著名的医生，一直在关注糖尿病的治疗，他知道这种病给病人带来了多大的痛苦。当时在医学界尚无药物能对症下药，D 花了大量时间进行研究实验，想要解决这一国际医学难题。一天晚上 D 很疲倦地睡着了。在梦中，他梦见自己从狗的退化胰腺管中抽取残液……这就是胰岛素的起源，它帮助了成千上万名患者。

诸如此类的例子举不胜举，潜意识就是这样来“造福人间”的，它让人有了超人的悟性和洞察能力，而且，人们在对某些事情进行持续关注的情况下，所关注的内容会被写进大脑的潜意识。在我们不注意的时候，比如梦中，潜意识开始动用它的力量帮我们解决问题。当你为某件事绞尽脑汁而不得结果的时候，不妨先睡一觉！

潜意识这般神奇的力量是我们早已了解的，现在的关键问题是，我们如何能够在清醒的时候掌控它，为己所用呢？因为我们不可能天天都睡大觉，靠做梦来悟出点儿什么吧。其实答案很简单——暗示！

暗示能有多厉害？

这个问题让我想起了一部电影《杀生》。主角“牛结实”平日飞扬跋扈，这种行径在封闭的深山小镇中尤为离经叛道，伤风败俗，令众人无法容忍。于是每个人都盼着他死掉才好，但是又都不想背负杀人犯的罪名。于是他们想到一条“妙计”，让每一个见到牛结实的人都跟他说“你的脸色看起来很差”，用各种方式施加“暗示”，让牛结实真的觉得自己病入膏肓，无药可救，久而久之，他真的就这么死掉了。

再来看下面这个例子：

一块木板架在一条浅沟上，试着从木板的一头走到另一头，这很容易。同样的木板，架在一道万丈深渊上，再试试从一头走到另一头，就不是那么轻易可以做到的了。你可能会胆战心惊地迈出一两步，然后赶紧往回撤，因为如果不及时止步的话，就会有坠落的危险。为什么同样一块木板，两次的反应会如此不同呢？

那是因为，当木板架在万丈深渊上时，就会对你产生“坠落”的暗示，因为“坠落”意味着危险和恐惧，所以你的潜意识会立刻预见到你有发生坠落的可能性，并做出反应——后退。尽管你用逻辑说服自己：“架在万丈深渊上的木板和架在浅沟上的木板完全是同一块，刚才我都成功走过去了，这次也一样能成功。”但是，实际上你做不到，因为逻辑思维是意识层面上的事，潜意识已经替你做了主，接受了“坠落”的念头。如果你坚持踏上木板的话，很可能会真的坠落丧生。这就是暗示的力量！

但是，不是任何暗示都能起作用，来看这个例子：

一位女乘客正站在一艘船的甲板上，海浪轻轻起伏，她感到有些轻微的摇晃。这时你对她说：“天哪！你一定很不舒服吧？你的脸已经发绿了！你是不是有点儿晕船？要不要我扶你到船舱里去？”这位女乘客的脸马上就会变得毫无血色，同意你的提议。但是如果你对一位老船员说：“嘿，兄弟，你看上去有点儿不舒服，是不是晕船了？”如果他脾气好的话会礼貌地告诉你是你弄错了，如果脾气不好的话，没准你已经在海里了。

为什么同样的暗示对不同人会有不同的效果呢？那是因为他们的潜意识状态不同！

女乘客接受了你的建议，是因为你的暗示同她自身的恐惧和不安形成了共鸣，这一切已经足以让她相信自己有些晕船了，于是她同意你扶她回到船舱。就这样，你的口头暗示变成了现实。

而这种暗示对老船员来说是没有效果的，因为他的潜意识已经坚定地对晕船产生了免疫。当你说这话的时候，他非但没有受到你的影响变虚弱，反而倍加自信。

所以说，只有对方或者自己真正信服暗示的内容，暗示才能发挥作用！

掌握了这一点，你就可以大肆享受暗示带来的好处，最著名的心理效应就是“罗森塔尔效应”，又叫作“皮格马利翁效应”！

罗森塔尔效应得名于美国的一个社会心理学家——罗伯特·罗森塔尔所做的一个实验。

罗森塔尔和他的团队来到一所学校，他们要求学校18个班的孩子都要完成一项智商测验。然后他们将智商测验的结果告诉老师，但学生不知道。他们告诉老师这项测验表明哪些孩子是智商超常的，哪些孩子是智商正常的。然而所有的孩子都是随机抽选，跟他们的智商测验结果没有任何关系。令人震惊和发人深省的是，8个月以后，另一项智商测试结果显示，大约一半被标上“正常智商”的孩子的智商测验分数提高了10分，那些被贴上“超常智商”的孩子中，将近有20%的人分数提高了30分以上。这些孩子神奇地变成了他们被“期望”的那样！

显然，罗森塔尔的“权威性谎言”发生了作用，因为这个谎言对教师产生了暗示，左右了教师对名单上学生能力的评价；而教师又将自己的这一心理活动通过情绪、语言和行为“传染”给了学生，使他们强烈地感受到来自教师的热爱和期望，变得更加自尊、自信和自强，从而在各方面得到了异乎寻常的进步。

你期望什么，你就会得到什么，你期望变成什么样，你就会变成什么样！只要真的相信事情会顺利进行，事情一定会顺利进行，相反，如果你相信事情会不断受到阻碍，这些阻力就会产生。向一个人传递积极的暗示，就会使他进步得更快，发展得更好；向一个人传递消极的暗示，则会使人自暴自弃，放弃努力。

最后，你也可以给自己一个暗示：看过这本书以后，我会变得更聪明，更智慧，对心理学更感兴趣，更快乐！

好了，你正在成为这样的人！

第三章

神奇的九层催眠空间

——催眠

HARDCORE
PSYCHOLOGY

“最强大的寄生虫是什么？是细菌，是病毒，还是肠道蠕虫？……是一个想法。顽强无比，感染性极强，你头脑中一旦形成一个想法，那就几乎无法抹去。只要这个想法完整而被理解，就会深深根植在那里，在大脑里的某个地方。”电影《盗梦空间》的开头这样说道。

催眠，作为另一种进入潜意识的方式，与“盗梦”有着异曲同工之处。电影中的“富二代”在梦里被成功地植入了一个想法，从而改变了他的潜意识世界，左右了他在现实中的决定。而在真实生活中，发生在被催眠者身上的神奇状况是有过之而无不及！

比如这样一种情况，被催眠者只有头和脚接触椅子，身体中央没有任何支撑。他的肚子上被放了一块将近 200 斤重的大石头，但他仍然纹丝不动！接着，一位身强力壮的小伙儿开始用锤子砸石头，玩命地抡了十几下才将石头砸碎，整个过程对被催眠者没有任何影响！他的身体像被冰冻过一般，硬邦邦的。这种肢体僵硬的现象在催眠中很常见。

例如下面这样：

催眠前：

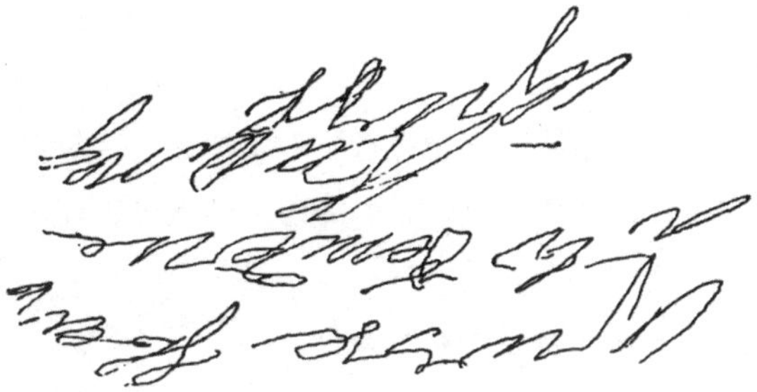

催眠后：

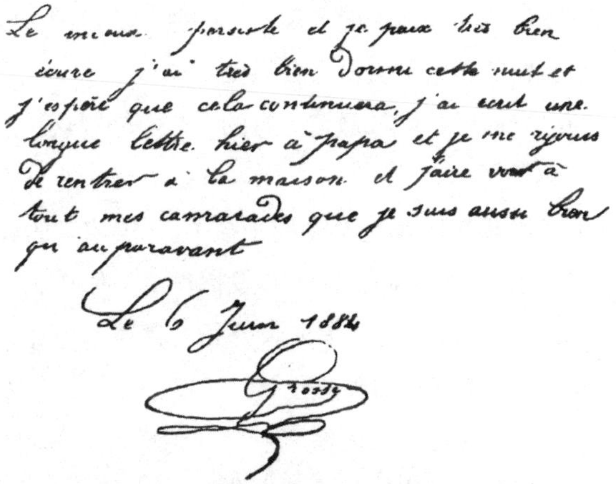

Le mieux persiste et je peux très bien
écrire j'ai très bien dormi cette nuit et
j'espère que cela continuera, j'ai écrit une
longue lettre hier à papa et je me réjouis
de rentrer à la maison et faire voir à
tout mes camarades que je suis aussi bien
qu'auparavant

Le 6 Juin 1884

我们能看出来，写字的人在没被催眠时仿佛手抖得厉害，写出的字迹杂乱不堪。而在被催眠后，简直可以说是行云流水，判若两人了。

再来听听露露小姐的故事：

露露小姐是一位 21 岁的公司文员，饱受牙龈感染之痛已经很久了，这天她终于忍不住了，来看医生。医生检查过后说出了自己的看法：“你这都肿成这样了，先用刀把牙龈豁开放脓好了！”露露小姐一听，两腿一软，她明确告诉医生：“我有针头恐惧，打麻药是不可能的事，但是不打麻药的话……我也撑不住！”医生听完了也在心里合计：“这要真疼休克了还得抢救，不合适。但要是不治的话……岂不是要等着烂掉？”正在一筹莫展的时候，他突然一拍脑门，有了！自己当年的一个同学现在是催眠师，听说他能用催眠麻醉病人，何不叫他来试试？

当这位催眠师赶来，跟露露小姐进行了一番谈话后，露露小姐很快进入了深度催眠状态。这时，医生用刀割开她的牙龈，她感觉不到任何疼痛。

除了上面这些，还有“时光魔药”。

时光魔药是一种观赏性特别强，同时也能发人深省的催眠表演。它可以证明一句话：“你的心态有多年轻，你就有多年轻。”——年龄在很大程度上是由人们头脑中的信念决定的。

首先，催眠师拿出两瓶神奇的时光魔药，一瓶是红色的，喝下去后可以让人变年轻；一瓶是蓝色的，喝下去后会让人变衰老。

接着，催眠师对表演者，即被邀请上台的一名年轻观众，进行了一番催眠后，给他喝下了红色的魔水，说道：“当你喝下红色魔水的时候，它会浸透你的整个身体，让你越变越年轻，直至变回小孩子。”表演者的身体开始发生变化。催眠师继续暗示着：“魔水还在进一步发挥作用，你变成了一个婴儿，还没学会走路，只会四肢着地爬行。”表演者开始在舞台上匍匐。接下来，让人目瞪口呆的一幕发生了。催眠师继续暗示道：“魔水还在继续发挥作用，让你一直回到母亲子宫里的胎盘上。”表演者听完，像胎儿一样紧紧蜷缩起身体，越蜷越小，到了不可思议的程度，仿佛新生儿般。

然后催眠师又拿起蓝色的液体，对表演者说道：“我现在把蓝色的魔水给你喝，让你逐渐恢复原本的年龄，然后变得更老。”表演者喝下了蓝色的魔水。催眠师接着说道：“魔水开始发挥作用……你的年龄开始增加……你又变成了婴儿，然后是小孩子，然后是年轻人……你恢复了原先的年龄。”随着暗示，表演者先在地上爬行，然后立起身来，恢复常态。催眠师继续说道：“但是药水还在发挥作用，你变得越来越老，成了一个十足的老人。”表演者会慢慢表现出一副老态龙钟的样子，这时如果递给他一根拐杖，他会拄着拐杖蹒跚地行走……

在表演即将结束时，催眠师会将两种魔水兑到一起，让表演者喝下去，说："混合的药水中和了彼此的效果，能让你恢复到原本的年龄。"随后，表演者被唤醒。

那么，这些神奇的催眠现象该用什么来解释呢？要想搞清楚这个问题，得先来看一组精神疾病——"分离性障碍"。

被操控的"灵魂"——分离性障碍

我们正常人都是由"肉体"和"灵魂"组成的，"肉体"是外部的皮囊，是看得见、摸得着，或者真实物理存在的东西：胳膊、腿、内脏、血液等；而"灵魂"是内在的控制系统，这些东西我们看不到，摸不着，却又实实在在地影响着我们，它包括记忆、意识、情感、思维等。"肉体"和"灵魂"只有紧密结合，协调一致，才能保证我们的身体正常运行，不管缺了哪一个，"人将不人"！

就像我们在过马路时遭遇车祸，肉体可能会被撞得四肢"凌乱"、内脏错位（说得有点儿惨了），我们在遇到人生的打击和无法承受的痛苦时，灵魂也会被"撞"得七零八落、面目全非。而对有的人来说，他们并不愿意将灵魂"归位"，因为那意味着将继续面对痛苦的创伤。所以人们逃避痛苦的一种极端形式，就是"携灵魂私逃"，出现"分离性障碍"。

分离性障碍的"分离"有几种形式：

一种是受伤的灵魂走了，但是没有对肉体撒手不管，它给自己找了多个替身，这些替身轮流值班，而原来的灵魂也会时不时地回来看看。这种情况说出来大家应该非常熟悉，那就是分离性身份识别障碍——"多重人格"！由于在前本书中已经详细介绍过，所以这里就不再啰唆，感兴趣的人可以自行欣赏多重人格经典案例电影：《致命 ID》。

还有一种，受伤的灵魂走了，只安排了一个替身，这个替身会在它不在的时候安排肉体去“远行”，待到原灵魂回来，却发现自己整个人不知身在何处。这种情况就是“分离性漫游”，它与多重人格最大的区别就是，分离性漫游爱“旅游”，而且不会出现多个人格之间的来回转换。就像下面这个案例：

46岁的A警长，有一次分离性漫游发作，醒来后发现自己远在离家320千米的地方，他立即给妻子打电话，却不能回忆起在外的这几天都做了些什么。后来据目击者描述，虽然A是个警长，但在这段“旅行”中，他变成了一个四处胡作非为的人，而这正是A警长私下里羡慕的样子：A警长给自己起了个假名，喝得酩酊大醉，与街头混混狼狈为奸，去妓院和性爱party鬼混……

第三种，灵魂出走了，却没有安排替身，肉体没有灵魂掌控——人格解体！这种情况会导致患者感觉到自己的意识游离于身体之外，如同一个旁观者。

就像安小姐的情况：

安小姐是一名20多岁的舞蹈教师，她经常说感到自己被“弹出”。当问到她“弹出”是什么意思时，安小姐说：“这恐怕是世界上最恐怖的事，它经常发生在我上舞蹈课的时候。我站在全班学生面前演示舞步，突然，我觉得这不是真正的我，我并没有真正控制自己的双腿，我只是站在自己的后面看。我还有‘管状视觉’，好像只能看到自己正前方一块很小的空间，我觉得自己正在从周围发生的事情中分离出来。接着，我就开始恐慌、出汗、全身发麻……”

我为什么要在这里提到精神疾病呢？答案其实很简单，因为催眠的状态就是一种“变异”的心理病态！心理病态中出现的幻觉、感觉异常、梦游等，在催眠中也都有可能发生。它们的区别就在于，心理病态是在违背人们意愿的情况下失去控制的产物，而催眠状态则是人为地引导和控制的结果，不会影响被催眠者的健康人格。

不信就来看看。拿舞蹈老师安小姐的例子来说，她在“人格解体”时出现的所谓“管状视觉”，其实就是催眠中一直睁着眼睛的被催眠者经常出现的“隧道视觉”。隧道视觉，顾名思义，就像你身处隧道一样，除了眼前的物体能够聚焦外，周围都是黑暗和模糊的。除此之外，被催眠者还能将眼前正常状态的物体，“亲眼”看成黑白的、万花筒的、底片效果的、阿宝色的……像是照片经过处理一样。还有的，会“指鹿为马”，将真实的物体看成想象出的物体，比如将催眠师的脸看作另一个人的。而闭着眼睛的被催眠者则会在脑海中出现“图案大爆炸”！那些过往的记忆复活，各种不同的几何图形和有象征性的符号在脑海中“翻云覆雨”……

但是，以上所有这些视觉的“变异”，同下面的案例比起来都是小巫见大巫。因为这个例子不仅刷新了人类对自己视觉能力的认知高度纪录，还完全挑战了科学！迄今为止，都没有人能够清楚地解释这种现象。

“X男孩儿”

我们故事的主角是个只有12岁的小男孩儿，雷雷。他的神奇之处就在于，当被父亲催眠后，雷雷的眼睛有如同X射线般的功能，能够透过人身上的衣服、皮肤和肌肉，清楚地看到人体的骨骼和内脏器官！更神奇的是，他这双奇迹般的眼睛还可以看到人体内部组织的原本颜色，红色、白色、褐色，甚至可以看到静脉血是蓝色的。而这点连X射线都做不到，使用X射线看到的组织都是一片同样的阴影。

他的“射线眼”被无数专业人士亲历和见证过，其中就有医学博士柏特。柏特博士回忆道：

我第一次看到雷雷的表演是在2月的一天下午，他的父亲带着他来拜访我。我们这儿的一名护士长樊女士将他们领到我的办公室。那时，樊女士正患着重感冒，至少身边的人都是这么认为的。她听说过

这个男孩儿的“射线眼”，就开玩笑似的要求雷雷也给她“检查”一次身体。雷雷的父亲同意了，于是没过多久，父亲就让雷雷进入了催眠状态。雷雷用大大的圆睁着的双眼盯着樊女士大约有一分钟，然后说：“啊，爸爸，我在她的肺部发现了一个大疮，它聚在那里，看起来就好像肺部在流血一样……”还没等雷雷说完，樊女士就听不下去了。

当他们走后，樊女士跟我说在此之前她吐过一两次血。我很惊讶，问她要不要去做检查。她觉得目前自己的健康状况没有问题，吐血可能是因为胃出血，这件事也就这么过去了。然而，在6月的某一天，樊女士因急性肺结核去世了……

继续看安小姐的表现，“没有真正控制自己的双腿”和“觉得自己正在从周围发生的事情中分离出来”，其实便是被催眠者在感觉方面出现的“异常”。最常见的，就是感到身体某一部分消失，或者“自立门户”，离开身体单独行动。比如，被催眠者会感觉到自己的脑袋变得异常大，像充满了气体……最后，干脆摆脱身体的控制，独自飘浮在空中。这让我想起了伊藤润二的恐怖漫画——《人头气球》。

类似的还有“消失的屁股”。催眠师告诉被催眠者，当他们试图坐下时，发现自己的屁股没了，接着，被催眠者真的发现自己的屁股“不见了”！那该怎么坐下呢？这些人觉得很困惑，尝试用不同的办法来解决问题。比如把枕头裹在屁股上，为自己做个“假屁股”，或者用手当作屁股来支撑身体……整个场面看上去非常搞笑。

以上的种种，说白了，就是被催眠者在催眠中出现的“幻觉”。

我们回顾一下，来看看离家出走的A警长。他在“远行”时做的那些事，“给自己起了个假名，喝得酩酊大醉，与街头混混狼狈为奸，去妓院和性爱party鬼混……”就是被催眠者在催眠中经常出现的“梦游”状态！来看下面的例子：

我们称这名被催眠者为 B。催眠师将 B 催眠后，要他去偷一块手表。这块手表被锁在一个被人随身携带的小密码箱里。这个密码箱有个特点：密码锁从被触动开始，15 秒内如果没有输入正确密码，或者被暴力强拆，便会报警。但是被催眠两个小时后，B 竟然匪夷所思地成功把手表偷到手了！而且他还不忘找一个地方“销赃”！虽然这地方选得有点儿搞笑——药房——因为他把药房想象成了典当行。

催眠师并没有“满足”，接着制造了一个相当戏剧性的场景，就是想试验一下催眠对人的行为影响有多大。他让 B“看到”一个想象中的人站在门口，告诉 B 那个人曾经侮辱过他。催眠师给了 B 一把想象中的“匕首”（其实是把梳子），命令 B 杀了那个人！

只见 B 快步冲到门口，毫不犹豫地用“匕首”向“那人”扎去（其实是对着空气挥舞）。完事后，B 极度惊慌地站在那里说：“他死了，他在流血，警察马上就要来了……”

但是当 B 从催眠中清醒过来后，他只相信自己是静静地在椅子上睡了一觉，对先前的那些“精彩表演”一无所知，就像 A 警长在“旅途”结束后也不知道自己身处何地、做过些什么一样。这是催眠中经常发生的情况——“失忆”。

比 A 和 B 这种情况更严重的是，被催眠者会完全丧失一段真实的记忆，比如忘掉了自己学过的一门语言。这里需要纠正的一个催眠误区是：并不是所有被催眠的人都会丧失催眠时的记忆，有的人可以记起一部分。比如，一名被催眠者在被催眠后，想象屋子里有一只小鸟，他会试图抓住它，逗它玩很长时间，喂它吃的，把它放进想象中的笼子里……当他清醒以后，只模模糊糊地记得自己曾看见过一只鸟。比这个人的情况更好一点儿的是，被催眠者能完全回忆起催眠时发生的事。比这还好的，是催眠会让人记起十几年前发生的，原本早已忘记的事。

所以，从催眠中醒来后的记忆程度是：

忘掉	丧失真实发生的记忆
	丧失催眠中的记忆
	回忆部分催眠中的记忆
	回忆全部催眠中的记忆
记住 ↓	回忆真实发生的记忆

那么造成这种差距的原因是什么呢？而且在催眠中，为什么有的人身体僵硬，有的人会梦游，有的人会产生幻觉，有的人会……这便是我们下面要说的——

催眠九层地宫

《盗梦空间》里总共造了四层梦，如果算上 Limbo（混沌状态），那么总共是五层。梦的层数越多，就越不稳定，稍受外部影响，梦境就会瓦解。

而在催眠这里，要比《盗梦空间》里的梦复杂得多，因为它有整整九层——催眠的九种程度！下面我们就进入这“催眠九层地宫”。

第一层：

处于催眠地宫第一层的人通常会舒服地闭着眼睛，却矢口否认自己睡着了，只是说感到眼皮沉重，昏昏欲睡。这时，他们好像根本没有进入催眠状态，因为没有出现僵硬、错觉、幻觉……但是催眠的影响已经确确实实发生了，这时如果暗示他身体某个部位发热，他们便真的能感觉到这个部位在发热。

第二层：

潜到第二层地宫时，人们跟在上一层的表现基本相同。唯一的区别是，这时他们即使想努力睁开眼睛也办不到了，可以说催眠的影响加深了。

第三层：

继续下潜，到了催眠的第三层，这时，他们的身体出现僵硬的情况了！尽管还没有“硬”到“胸口碎大石”的程度，但是这时他们可以保持身体的姿势一动不动。如果抬起他们的胳膊，松手之后，他们的胳膊依然会保持高举着不动；如果抬起他们的腿，松手之后，他们的腿也仍然高抬着。

这会儿，如果他们要换个姿势，便会从催眠中醒来，因为这需要恢复意识，借助意志的力量来做到。

第四层：

到了这一层，很多人都会承认自己受到了催眠的影响，因为僵硬在他们身上的表现更明显了。

除了这个，一个新的症状会出现——自主运动！

“自主运动”又可以理解成“自动运动”，是被催眠者看到催眠师做出某种动作后，不知不觉地进行模仿。比如，催眠师站在被催眠者面前，一只手臂在另一只手臂上方转动，被催眠者看到后也会跟着这么做。但是如果你以为他们只会模仿这种简单的动作，你就错了，“自主运动”的模仿功力之深，完全可以在被催眠者面前摆上洗衣机、打字机、打蛋器……

第五层：

在这一层，身体终于能达到“胸口碎大石”般的僵硬状态了。自主运动会继续出现，而且这时跟第三层不一样，人们即使想改变身体的姿势，也做不到了。

第六层：

到了这里，尽管还有一些犹豫和迟钝，被催眠者还是开始变得“服从指挥”，做催眠师让他们做的事——梦游。只是梦游的动作还比较简单，比如行走—停住。

第七层：

在这一层，梦游会出现得更频繁，行为也变得更复杂。

第八层：

前七层出现的所有情况在这一层都可能发生，包括对身体敏感、僵硬、自主运动、梦游……唯独还不会出现“幻觉”，但是它已经“蓄势待发”了。

第九层：

在催眠地宫的最后一层，幻觉终于可以现身了！在很多情况下，它们是完整和栩栩如生的，就像我们前面提到的一样。

在《盗梦空间》里，对于游走的几层梦之间，是有严格限制的。想进入下一层梦，需要在这层梦中有一个造梦者，造出下一层梦；而若想回到上一层梦，则需要自己在这层梦中死掉，或者在上层梦中的身体受到强烈的失重刺激，比如坠落。

那么在催眠的空间里穿梭也是如此吗？

答案是，没那么麻烦！

被催眠者可能一开始便直接陷入深度催眠的状态，然后转入轻度或中度，而后又从催眠中唤醒，最后再次进入深度催眠的状态。可谓起起伏伏、随心所欲、游刃有余、畅通无阻啊。

而且，这里可以澄清催眠的另一误区，并不是催眠的状态越深，催眠的效果就越好！最合适的才是最好的。比如，像前面提到的，如果想达到“自主运动”的效果，把催眠的深度控制在第四层即可。

在《盗梦空间》中，因为假设大脑的功率在梦中是在正常状态下的20倍，所以第一层梦的时间如果是一星期，那么第二层就是半年，而第三层则是十年。

那么在催眠的时间上有没有这样的假设呢？

答案是，没那么多讲究！

既然人们可以随意出入催眠的各个空间，那么在时间上也一定可以灵活变通。比如，你可以“返老还童”退行到过去，也可以“未卜先知”进入未来。你还可以扭曲时间，像体验一个小时那样去体验一分钟，延长时间；或者像体验一分钟那样去体验一个小时，压缩时间。下面就是个“时间延长”的例子，被催眠者在实际的一分钟里，经历了：

走了 10 分钟。

用斧子砍树砍了 15 分钟。

听音乐听了 15 分钟。

学习了半个小时。

跟朋友说了一个小时的话。

…………

正是因为催眠能改变被催眠者的时间感，所以即使催眠结束了，催眠的影响也没有结束。催眠师可以借助暗示让被催眠者在 24 小时之后、1000 或 2000 分钟之后，或者一个月，甚至更久之后，做出某些特定的行为或反应。曾经有过这样的例子：催眠师告诉被催眠者，再过 43334 分钟之后用手画一个十字。而被催眠者在准确的时间做出了这个动作！尽管此时他已经不记得当初催眠的内容，甚至不记得被催眠过。

为什么会出现这种情况？是因为在催眠中，催眠师给了被催眠者一个指令，告诉他在某个特定的时间做某件事。被催眠者的潜意识接受了这个指令，开始执行，计时启动……潜意识的“时间记忆”相当准确，只要规定的时间到了，它就会让身体做出反应，做出指令中规定的动作。但是被催眠者的意识对此一无所知，因为指令刻意绕过了它。所以人清醒过来时对潜意识“私底下”正在进行的计时毫不知晓。有时莫名其妙地做了什么，连自己也在纳闷：“哎，怎么回事？”

这就可以解释为什么在有些催眠表演中，当催眠师一抬手、一击掌什么的，表演者就立刻进入催眠状态。因为在此之前他们就接受过催眠，催眠师告诉他们，再过多久，我做出什么动作，你们就再次陷入催眠！而观众不知隐情，还以为仅凭一个简单的动作催眠师便能发挥威力，好厉害啊！

在《盗梦空间》里，为了区别梦境与现实，使用了一种方法：图腾。比如，陀螺、骰子和象棋。在梦里，人们不清楚是怎么开始的，不知道自己是怎么来到某个地方的。

在这里，我也想说说催眠与现实的区别，即如何分辨催眠的真假！

首先，被催眠者的身体力量和大脑运转程度远强于正常状态，这是毋庸置疑的，比如"胸口碎大石"和成功打开密码箱。

其次，当被催眠者陷入最深层催眠时，他们的表情、举止和声音都会有明显的改变，跟正常状态大不相同。

值得一提的是，这时候，很多被催眠者会表现得比平时更加优雅，就好像他们体内另一个更高层次、更睿智迷人的人格在我们面前苏醒了，所有低俗粗劣的部分全被掩盖。他们把灵魂脱得"一丝不挂"，毫无保留又纯洁无邪地呈现在我们面前。这让我想到电影《香水》中，在广场上所有人不分男女老幼，集体脱光光，相互爱抚，相互……却丝毫没有猥琐感。有的被催眠者脸上甚至会出现最圣洁无瑕的表情，远胜过无数伟大的艺术家所演绎的圣母马利亚和天使，这个表情是当之无愧的天使般的表情。看到它的人，会一瞬间想起人世间所有的爱和美好……如果孟子知道这个情况，估计该乐了：这不就是在说我的"性本善"论嘛！

最后，就像治牙的露露小姐一样，陷入深度催眠状态的人可以完全感觉不到疼痛，所以你可以拿根针扎她一下试试。

有的人说，催眠其实就是睡眠！这种说法有欠考虑，并不完全正确，在这里我只想说一点它们明显的区别：在催眠中，四肢能够保持僵硬，手里握着的物体会越握越紧；而在睡眠中，四肢的状态是柔软的，手里的物体不久就会松开掉下来。

我们这篇的开头就说过，《盗梦空间》是通过梦向人的潜意识植入了一个想法，从而在其醒来后影响了他的行为。那么催眠是否也是通过这种方式影响着被催眠者呢？

这里，我将再澄清一个催眠误区：催眠并不是将外来的想法“植入”人的潜意识里，而是通过激发潜意识里原本就有的资源，从而产生新的想法！就好比潜意识里有各种各样的原料，而催眠则是一个大厨，利用这些原料烹饪出不同的菜肴（想法）。这些菜肴必须合潜意识的口味，才能被接受，才会转化为行为。来看下面这个例子：

在一所大学的兄弟会入会仪式上，一个年轻人被蒙住了双眼，在一番慷慨激昂的说辞之后，被告知他的头将会被砍掉。于是，他的头被人们按在案板上，用锋利的刀刃划过脖子。

事实上，这个“刀刃”只不过是一条湿毛巾。

当人们再查看年轻人的情况时，发现他已经死于心力衰竭。他的潜意识里接受了“刀刃是真实的”这一念头，于是结束了自己的生命。

如果催眠烹饪出的菜肴不合潜意识的口味，即催眠制造的想法不被潜意识接受，不符合被催眠者自身的价值观，那这个想法就不会起作用！

但是上面的年轻人是怎样做到“想死就死”的呢？

这可以用一点来解释：催眠能对人的肌体产生影响。

举个例子来说，催眠可能会对体液循环系统产生影响。曾有一个催眠师对被催眠者说：“当你清醒后，将在我指到的地方出现红点儿。”10分钟后，被催眠者清醒了，被指到的部位开始出现轻微的红肿，随后变得越来越红，持续10～15分钟后红肿才逐渐消失。

同样，催眠还可以引起水疱。有一位催眠师在被催眠者左胳膊上盖了一个戳，然后他暗示被催眠者说，这个部位会出现水疱。第二天早上8点，这名被催眠者发现被盖戳的部位的皮肤变厚起皱，并且呈黄白色，但是没有出现明显的水疱。到了下午4点左右，这个部位出现了四五个小水疱。15天过后，这些水疱仍然高度饱胀。

在《盗梦空间》中，想潜入目标对象的梦境，是件比较容易的事，只需要使用造梦机器和一种叫“梦素”的药物，然后往身上那么一插，就可以了。

但对催眠而言，想让目标对象进入催眠状态，就不是那么简单了。可以说，这是个实实在在的技术活，这也是我接下来要说的——

潜行者

“备战”

尽管潜入梦境比较简单，但在《盗梦空间》里，主角们还是需要事先对目标对象“富二代”做一番背景调查，找到他与父亲之间的心结作为突破点，然后根据这个突破点制造梦境的陷阱。而在催眠开始前，“知己知彼”更是必需的一个步骤。

首先你要明白，不是任何人都可以被催眠！

人类应该算是这个星球上最复杂的生物了，不同的人之间千差万别，每一个人都是独特的，有的人非常容易被催眠，而有的人就是不买账！

下面是容易接受催眠的人的特征，看看自己符合哪几条？

A. 经常做情节生动的白日梦。

B. 想象力丰富。

C. 容易沉浸于眼前，或者想象中的场景。

D. 依赖性强，经常寻求他人的指点。

E. 对催眠作用深信不疑。

总的来说，越是头脑聪明或受过良好教育的人，通常越容易被催眠，因为他们大多有强烈的好奇心和探索欲，并富有创造力。

长久以来，人们对催眠一直都存在着一个认识误区，认为在催眠的过程中催眠师便是上帝，主宰着一切，指哪儿打哪儿。

就像 100 多年前，那时候很多催眠师认为可以通过恐吓来达到催眠的目的。催眠师邀请一个人上台表演，就在这个人一只脚刚踏上台的时候，催眠师忽然伸出手托住他的后脖子。在观众看来，催眠师只不过是扶了他一下而已，却给他造成了困惑，不明白这是什么意思。在这个人反应过来之前，催眠师会用另一只手猛拍在他的下巴上，他的头突然受到震颤，整个人都蒙掉了。然后催眠师在一边用强硬的语气发令："睡！你现在就要入睡！"就像被"拍花子"一样，这个人便陷入了催眠状态。

这种"强迫"的催眠之所以能成功，是因为催眠师幸运地遇到了很容易被催眠的人。但对很多人来说，催眠是信则有不信则无，强扭的瓜不甜，只要目标对象不相信或者不愿意，再怎么"拍"也是白搭。

假设催眠师已经找到了合适的人选，下一步他需要做的就是问清楚一些事："说！在哪儿工作？做什么的？挣多少钱？多大岁数了？结婚没有？几个老婆？几个孩子？……"当然，实际上我们不能这么直白。

上面也说到了，每个人都是独特的，每个人的心理也是独特的，并且瞬息万变，针对不同人的催眠不可能是千篇一律的。只有将目标对象的"底细"打探清楚，才能控制好催眠的局面，应对突发情况。这里需要了解的包括：家庭状况、年龄、婚姻状况、教育背景、职业、社交圈子等。

举个例子来说，一位男性目标对象在工作中有经常辞职的情况，可以预料，同样的情况可能会在催眠中出现，他很有可能会在稍有进展的时候突然退出。于是催眠师得提前告诉他，他的催眠过程将会很曲折。

了解完这些，接下来你要搞明白，被催眠者为何而来？他们想靠催眠改变什么？

催眠作为一种心理治疗技术，秉承了一种理念：不念过往，不畏将来！了解被催眠者的目的时，更多的是去鼓励"想要得到什么"，而不是"想要失去什么"。

比如下面这样：

A. 我想抹掉心里面总是响起的我妈妈的声音。

B. 我想驱走我的一切怀疑。

C. 我想完全忘掉过去。

可以换一种表达方式：

A. 我想改善跟妈妈的关系。

B. 我想变得更加自信。

C. 我想变得对未来充满希望。

“进攻”

催眠的前期准备工作已经基本结束，下面要正式着手“潜入行动”了！

这“潜入行动”真比得上二万五千里长征了：一边是恶劣的自然环境，一边是敌人的拦截追击。催眠的过程则是：一方面要搞定潜意识，一方面还要躲避意识。

先来说说怎样搞定潜意识吧。

这里，要给大家介绍一个东西——“注意”。

有人会说，“注意”有啥好说的，小时候在课堂上经常听老师喊“注意听讲”！谁还不知道这个啊。其实“注意”里面还真是有些门道的，下面就来看看有哪些门道。

注意分为“不随意注意”“随意注意”和“随意后注意”。听上去有些乱，我们一个一个来说：

“不随意注意”就是没有目的，也不需要意志努力的注意。比如，我们正在教室里聚精会神地听讲，突然从教室外闯进来一个人，这时大家不约而同地把视线转向他，不由自主地引起了对他的注意。

“随意注意”就是有目的，同时也需要意志努力的注意。比如，我们在学习中遇到困难，或者学习的环境出现了干扰，我们通过意志的努力，使注意力集中在要学习的东西上。

“随意后注意”就是有目的，却不需要意志努力的注意。比如，刚开始学文言文时，我们可能对“之乎者也”这一套不感冒，只是为了完成学习任务，这时候的注意是随意注意。当你掌握了文言文并对之产生了兴趣，凭兴趣就可以自然而然地将注意力集中到学习上，这时候的学习就是随意后注意了。比如对古典文学名著的欣赏。

搞定被催眠者潜意识的过程，就是让他们的“随意注意”发挥到极致的过程！就好比平日里我们的注意力是平躺在地面上的整个身体，注意范围广，注意力分散；而在被催眠时，这个身体是仅以一只脚的脚尖着地，注意范围小，注意力极度凝缩。

那么怎样才能让注意力如此集中呢？下面有几种办法：

“眨眼大法”

在这里把被催眠者叫作C。

现在让C用她最舒服的姿势坐在椅子上，然后与催眠师对视，C凝视着催眠师的双眼，而催眠师则盯住C两眼中间的地方。催眠师告诉C，他会开始缓慢地数数，每数一个数字，需要C眨一次眼。例如，催眠师数到“1，2，3，4”，C每听到一个数字就眨一下眼，总共眨了四次。无论是睁眼还是闭眼，C都要一直把视线聚焦在催眠师的眼睛上。

催眠师开始有节奏地缓慢数数，越是往下数，会发现C眼睛睁开的时间就越短，最后她根本不再睁开眼睛，只有睫毛会上下抖动。

许多人在数到20左右的时候就会进入催眠状态，需要数到100的情况非常罕见。当发现C的眼睛已经不再睁开时，催眠师停止数数，用相同的节奏低声暗示道：“睡吧。睡吧。困了。睡吧。你……已经……睡着……了。睡得……很熟。睡吧。困了。睡吧。”

“表盘大法”

在这里把被催眠者叫作D。

让D把表盘平端在面前，正面朝着自己，注意力集中在刻度“1”上，深吸一口气，大声说出“睡觉”这两个字，然后吐气，快吐尽的时候再大声说出“熟睡”两个字。说完之后，再让D把注意力集中在刻度“2”上，深吸两口气，说两次“睡觉”，再吐两口气，说两次“熟睡”。之后再把注意力转移到刻度“3”上，深吸三口气，说三次“睡觉”，吐三口气，说三次“熟睡”。

以此类推，把注意力集中在每个刻度上，直到“12”，形成一个“吸气—自我暗示—吐气—自我暗示”的循环。为了不出错，D在计数时必须全神贯注。大多数人都会在注意力挪到表盘中间的时候就合上眼睛入睡，极少有人能坚持到“6”以后。

当D的注意力都集中在表盘刻度上时，催眠师凑到他耳边轻声暗示道：“当你的眼睛紧紧盯着刻度的时候，当你的视线沿着表盘逐渐移动的时候，当你深深吸气和吐气的时候，当你反复说出‘睡觉’和‘熟睡’的时候，你就不知不觉地陷入深度催眠状态。你的视线越来越模糊，越来越看不清刻度的数字。你的眼睛太疲劳了，几乎睁不开了。你已经很累了，巴不得快点儿结束。所以闭上眼睛吧，让表盘从你手里掉落到地上，而你则陷入深深的睡眠。睡吧，进入催眠状态吧。”

即使搞定了潜意识，催眠也不一定能成功，因为还可能会遇到意识的阻截。就像《盗梦空间》中，进入梦里的人会产生防御者，对这层梦的造梦人进行攻击。

现在就来说说“潜入行动”的另一个要领：躲避意识。

做过梦的人都知道，梦的内容大多光怪陆离，没有逻辑，难以理解。但是了解《梦的解析》的人也知道，这种意识看不懂的梦却是潜意识的语言，潜意识善于用隐喻和伪装的手法来表达自己想表达的东西。所以这里我们要明白一件事：潜意识要比意识更容易理解隐喻的表达，因为那就是它的“母语”！

现在问题就好办多了，我们可以说一种只有潜意识听得懂，而意识听不懂的“语言”，这样就可以巧妙地绕过意识，又对潜意识产生影响。

怎么做呢？就是将想要传达的指令“嵌在”大的语言情境中，蒙混过关，这就是所谓的“嵌入暗示”！

来看下面的例子：

一位患癌症垂死的病人，我们把他叫作E。E的病情到了晚期，疼痛难忍，再大剂量的麻醉剂都没有效果。所以E的亲人找到催眠师，想尝试一下用催眠控制疼痛的可能性。但是，E的意识太“凶猛”了，他仅仅是听到“催眠”这个词都表现出强烈的反感。所以催眠师不得不“曲线救国”，想出其他的方法对E进行催眠。催眠师以E毕生的职业——花匠作为谈话的主题来吸引他，同时在谈话中嵌入了很多催眠和控制疼痛的暗示。下面是一段催眠师谈话的摘录，我用粗体表示嵌入暗示的内容：

> E，我很乐意跟你谈话。我知道你是个花匠，种花为生，我小时候在一个乡间的农场长大，我也喜欢种花，到现在都还在种。我们现在都坐在安乐椅上，我希望你可以**舒服地听我说话**。说点儿什么好呢？还是说些跟种植相关的吧，因为这个你在行，也是你最想听的。就来说说西红柿好了，我一直对种西红柿感到很好奇。你把西红柿种子撒到地里，你会希望它可以长成一株西红柿苗，用果实**带来满足**。种子会吸收水分，而雨水能**带来安宁和舒适**，还会带来西红柿的生长。E，那小小的种子，慢慢地长大，伸出有纤毛的小小的根，帮助种子生长、发芽而长出地面。E，你可以听我说，我会一直说下去，你可以一直倾听、思考，**慢慢地你将进入一个新的领域**……

这种做法非常有效，嵌入暗示成功地“骗”过了意识，让它没有察觉。E逐渐进入催眠状态，不再为剧痛所苦，直到3个月后他平静地死去。

搞定了潜意识，躲避了意识，这还没完。我们已经知道催眠不会像造梦一样，一层崩塌以后才能返回上一层，在催眠中，被催眠者可以自由地在几层空间之间来回转换。所以，这也是考验催眠师的地方，催眠师需要有很好的洞察力，并在催眠的过程中时刻保持警惕，一旦发现被催眠者有逃往清醒或者其他层空间的迹象，就立刻再次“施咒”，将他们重新催眠回原位。

“占领”

当被催眠者已经成功地进入了催眠状态后，我们该做什么？怎么做？

如果在“备战”阶段功课做得足，现在就是可以达成被催眠者心愿，满足被催眠者意图的时候了。

看这个例子：

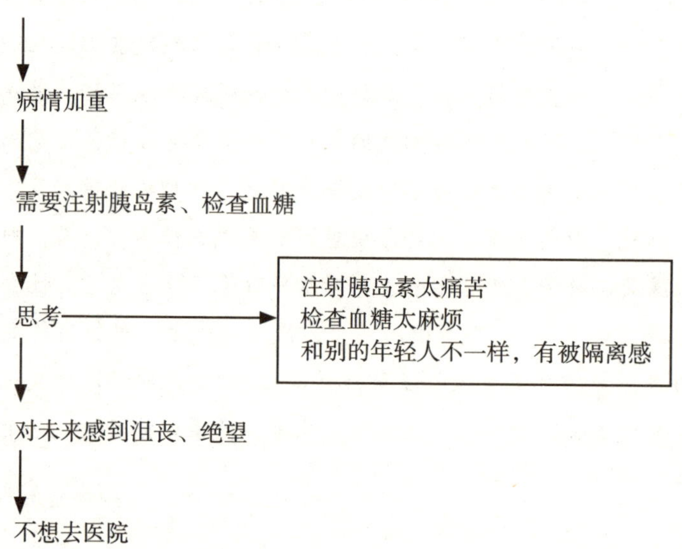

这是一个患上糖尿病的年轻人，因为抗拒治疗陷入的恶性循环。

我们前面也说过，催眠不是外来念头的植入，而是对被催眠者潜意识里原有的资源进行利用。

于是就有了：问题 + 资源 = 可能的解决。

据了解，这个年轻人平时喜欢打篮球，对飞机很感兴趣，渴望当个飞行员。所以我们可以利用这些来解决问题：

注射胰岛素 + 有快感地投篮 = 舒服地注射胰岛素。

检查血糖 + 有成就感地计算命中率 = 坚持定期监控血糖水平。

被隔离感 + 幻想做飞行员 = 像飞机飞离地面一样，摆脱世俗的看法。

未来感 + 下一秒就有投中的可能 = 未来有无限可能。

问题得到解决后，患糖尿病年轻人的恶性循环现在变成了良性的：

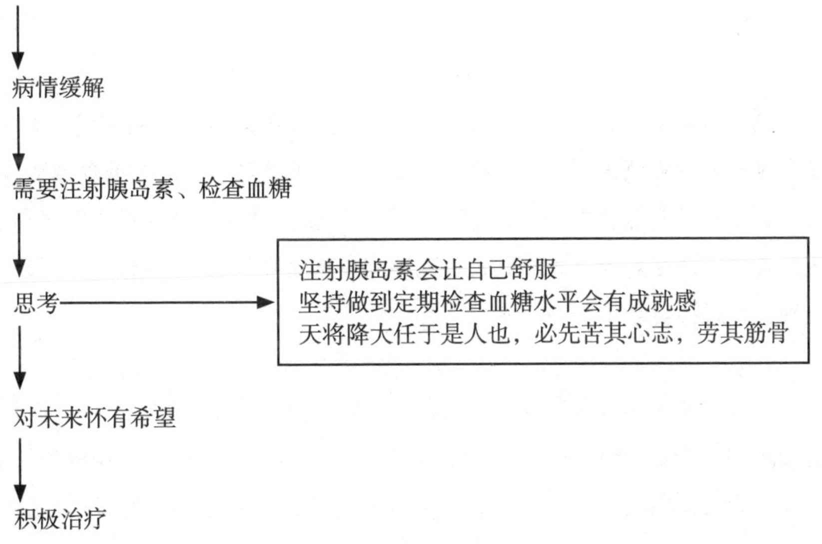

“撤退”

前面说过，在《盗梦空间》里，想将人从梦里唤醒，可以利用强烈的坠落感。电影一开始也有这样的镜头：主角坐着的椅子从高处向后倒下，跌入浴缸，主角从梦里醒来，几乎和进入梦境一样容易。

而唤醒被催眠者也一样，用什么方法让他（她）进入催眠状态，就按“原路返回”的方法让他（她）醒来。比如在被催眠者的耳边暗示：“好了，我马上就开始数……记住，我每数一个数字，你都会朝清醒的方向迈进一层……等我数到5时，你就会彻底醒来，而且感觉无比良好！准备好醒来吧，1……2……3，你已经逐渐醒来了，4……5。”

但是如果无法唤醒被催眠者怎么办？会不会像《盗梦空间》里那样，被催眠者进入Limbo（混沌状态），一直在里面迷失几十年？这点不用担心，一旦无法被唤醒，被催眠者就会转而直接进入自然睡眠状态，之后会自然醒来，就像每天早晨自然睡醒一样。

“善后”

在《盗梦空间》里，主角为了让妻子从梦里苏醒过来，回到现实生活，于是在妻子的梦里植入了一个“此时是在梦中”的想法。但真的回到现实生活以后，那个“此时是在梦中”的想法却依然存在，导致妻子分不清现实和梦境，认为自己仍然在梦里。而回到真实世界的办法是在梦里杀死自己，于是，她便在现实中跳楼自杀了……

其实在催眠中也存在这样的问题，这也是催眠危险的地方之一，就是被催眠者醒来后会把催眠中产生的幻觉当真，区分不了真实的世界和想象的世界。比如有的人在催眠中幻想参加了一场舞会，醒来后他仍四处跟人说自己在舞会上遇到什么人，玩得怎么样。

这就要求催眠师在催眠结束前“擦掉”不必要的暗示痕迹，就像手术过后要清点好器械，不能把手术刀什么的落在病人肚子里一样。催眠师可以对被催眠者暗示道：“让你兴奋起来的东西已经消失了，完全消失了。这只是一场梦，你只是错误地把它当真了。现在请安静下来，忘掉它。”

催眠另一个危险的地方是，催眠师没能把自己的催眠方式“垄断”，为己独有。这样可能造成的后果是，被催眠者受到任何一个跟催眠师暗示相似的刺激就会进入催眠状态。而且，经历催眠的次数越多，就越容易被催眠，搞不好，仅仅是无意中盯着某样东西看久了就陷入催眠了。而避免这个危险的办法是，催眠师在催眠中反复暗示被催眠者："没有征得你的同意，没有人能够催眠你。你永远不会进入违背自己意志的状态。当你清醒时，没有任何人能够暗示你做任何事。你不必担心会出现像催眠中一样的错觉，你有足够的能力阻止它们！"

关于催眠就说到这里，各位，你们准备好了吗?

一起进入催眠吧，倒数五个数，5……4……3……2……1……

第四章

被抑郁精附体的那些年

——抑郁症

HARDCORE PSYCHOLOGY

Sunday is gloomy
绝望的星期天
My hours are slumberless
我的时间在沉睡
Dearest, the shadows I live with are numberless
亲爱的，我生活在无数暗影中
Little white flowers will never awaken you
白色的小花将不再能唤醒你
Not where the black coach of sorrow has taken you
黑色的悲伤轿车（灵车）上载着你
…………
Death is no dream
死亡不是梦
For in death I'm caressing you
因为我在死亡中爱抚着你
With the last breath of my soul I'll be blessing you

在我灵魂最后的呼吸中我祝福你

Gloomy Sunday...

绝望的星期天……

这是匈牙利作曲家鲁兰斯·查理斯写的一首曲子——《忧郁的星期天》。据说，这是他和女友分手后，在极度悲恸的心情下创作出来的，所以曲子中流露出难掩的摄人魂魄的绝望。很多人在听了它以后选择结束自己的生命，因此这首曲子也被冠以“匈牙利自杀之歌”的称号。

可每次当我听到由莎拉·布莱曼演唱的这个版本的曲子，听到她轻轻地吟唱“Sunday is gloomy...”，我就会控制不住地联想到，这简直就是在为抑郁症患者而歌，是抑郁症之挽歌！

因为它们表达出的内容是如此契合：忧郁、绝望、压抑、死亡……

一个人仅仅是在悲恸的情绪下就写出了后来弄出这么多条人命的曲子，这悲恸的“毒性”有多大?！而抑郁症可不光是悲恸这么简单，你想它是有多厉害！

我曾经看过一本叫《旷野无人》的书，是作者李兰妮在与抑郁症斗争了5年，其间几败几胜，几度写作，几度停顿后，终于完成的关于抑郁症自我疗救的记录。我对这本书印象最深的是它的名字，因为这四个字准确地描绘出了一个抑郁症病人的内心世界：你常常感觉身边空无一人，只有内心的痛苦充斥天地；即使身处闹市，但无人能听你倾诉；高楼林立，却更像毫无生机的荒漠。

我们都生活在车水马龙的当代社会之中，通常情况下很少有人会真的感到孑然一身、孤立无援，而抑郁症却有这种将你“大隐隐于市”的魔力，你想它是有多厉害！

想真的了解抑郁症，故事还得从三个不幸的人说起……

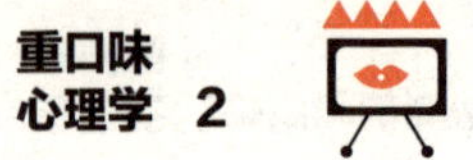

被“抑郁精”附体

受害者甲：

最近几年我饱受抑郁症复发之苦，每次复发都差不多持续6个月，这多少跟季节有关，4月份通常是最糟糕的时候。最严重的一次是去年，当时我工作上遇到巨大的变化，新来的部门总监把我调到没有任何前途可言的岗位，我被迫离职；一个玩得很好的朋友因为误会跟我闹翻；我打算停止服用百忧解一个月，因为我感到自己渐渐开始对药物上瘾。

随后我退掉了先前租的房子，想搬到更便宜的地方去，但是我就是无法完成搬家这件事。我瞬间崩溃，焦虑把我瓦解。凌晨三四点我就被一阵阵强烈的恐慌感惊醒，那紧张的劲儿让我恨不得从6楼的窗户跳出去，也许那样还舒服点儿。和别人在一起的时候，我总觉得自己会因为压力过大而昏过去。3个月前，我还能好端端地去上班，而现在，世界已离我而去。

它真正来袭是在我退了房子的两个星期后，我发现我迫切需要搬家，但是我却出不了门。我感觉人们都欺骗我，我就像只草原上负伤的动物。我完全崩溃了，几乎一整天不吃任何东西。我一副精神分裂的紧张模样，就好像受到巨大惊吓一样，这让我看起来举止怪异。我的记忆力短暂丧失，后来更糟，我无法控制地腹泻，甚至会失禁。我好像活在恐怖的地狱里，无法离开这间房子半步。

附体后的样子：

扫兴：

扫兴扫兴，就是把“兴趣”都扫没了。但这里的“兴趣”却不仅仅指我们生活中的爱好，诸如打球、唱歌、旅游之类的那么简单，它包括了所有。说白了，就是患者对自己生活中的一切事物和活动都丧失了兴趣：不想洗脸、不想起床、不想说话、不想……什么都不想。

上面的当事人明明已经退了房子，需要搬到别的住处，但发病时，他连执行这件事情的动力都不见了，“我发现我迫切需要搬家，但是我却出不了门……”

食欲紊乱：

多数抑郁症患者食欲都不好，体重也会下降。例如上面的当事人说的，“我完全崩溃了，几乎一整天不吃任何东西”。

但是少数患者会吃得更多，体重也会增加。无论体重是减少还是增加，每一次被“抑郁精”附体（抑郁症发作）时都容易出现同样的变化。

睡眠失调：

失眠是抑郁症一个极为常见的表现。醒得过早，然后又难以入睡，这是常见的模式。如上面当事人的表现：“凌晨三四点我就被一阵阵强烈的恐慌感惊醒，那紧张的劲儿让我恨不得从 6 楼的窗户跳出去……”

但抑郁症患者也会在一开始就难以入睡，或者在夜间不断地醒来。和饮食一样，有的抑郁症患者睡眠不减反增，有时每天会睡上 15 个小时，甚至更多。

受害者乙：

抑郁症曾侵袭我、占据我、吞噬我，就像藤蔓纠缠着橡树，就像吸血鬼附在我的身上，丑恶地汲取我生命的活力，充实它自己的生命。在患重度抑郁症的最糟糕的那段日子里，我发现有些恶劣的情绪并不属于自己，而是抑郁症自身的情绪，就像橡树上缠满了爬藤的叶子。当我试图解脱自己的时候，却觉得灵魂的翅膀被折断，无处可去。日复一日的日出日落，变得没有任何意义。

我被一种力量压迫和控制，仿佛陷入沼泽，最开始是脚踝不能移动，接着膝盖也被埋没，然后弯下了腰，收缩了肩膀，最后我如胎儿般蜷缩，就这样一步步被榨干、被压垮。抑郁的魔爪步步紧逼，摧毁我的意志，粉碎我的勇气，击垮我的身体，直到最后一刻，它仍不停地啃噬我，我甚至虚弱到无法呼吸。

那时候，我认为抑郁就像树上的藤蔓，永远不能根除，只希望一了百了。但我的能量被它吸干，甚至丧失了自杀的勇气，而它也不具备杀死我的力量。没有人看到过我被这东西撕裂、压榨的惨状：我躲在黑暗的房间里，蜷缩在床上的一角，向我不太信任的各路神仙祈祷，求他们能让我获得解脱。

当时我愿意接受最痛苦的死法，却浑浑噩噩到连自杀的念头都没有。生命中的每一分、每一秒都成了折磨。我的体液仿佛都被抽干，于是连眼泪都成了奢侈品，我的嘴唇也干裂了。我曾以为放声大哭是人生最悲惨的状况，后来发现，眼泪流干后的无所适从才是更加深刻的绝望。

附体后的样子：

悲伤：

悲伤跟“心情不好”不是一家的。当提到抑郁症时，很多人的反应是：哦，那家伙心情太不好了。其实不是。我们每个人都有心情不好的时候，或是大哭一场，或是睡一觉后，“心情不好”自然会跑开。每次“心情不好”过后，人们都会有种大病初愈的轻松感，而抑郁过后，却只能用“劫后余生”来形容了，真是满地狼藉，心有余悸。从另一个角度说，这里的悲伤其实是一种不幸感，轻度的抑郁症患者可能会哭泣，而重度的抑郁症患者却常常连哭都哭不出来。他们不相信自己或别人能够帮助自己，会感到彻底地无助与绝望。

如上面当事人所说：“我曾以为放声大哭是人生最悲惨的状况，后来发现，眼泪流干后的无所适从才是更加深刻的绝望。”

僵硬或者亢奋：

如上面当事人的表现："我被一种力量压迫和控制，仿佛陷入沼泽，最开始是脚踝不能移动，接着膝盖也被埋没，然后弯下了腰，收缩了肩膀，最后我如胎儿般蜷缩，就这样一步步被榨干、被压垮。"许多抑郁症患者都行为迟缓，或者仿佛处于某种催眠状态，停留在某个位置一动不动。生活中，由于他们对危险做出的反应太过迟钝，发生事故的次数也随之增加。

同僵硬正好相反的是，一些抑郁症患者又会表现出过度的活跃，例如不停摆弄双手，拍打双脚，前仰后合，踱步，像嗑了药一般，尽管他们做这些举动时没有任何目的。

受害者丙：

我从未放弃与强烈的自杀想法做斗争。我常想到自杀，在最忧郁的时候，这个念头总是挥之不去，但它只留存于心中，蒙着虚幻的面纱，就像小孩儿想象自己年老时一样。我意识到自己的状况在恶化，因为我想象自杀的方法越来越多，也越来越粗暴。

我的想象忽略了柜子中的安眠药，反而思量着是用刮胡刀的刀片割手腕好，还是用美工刀比较好。我曾测试过一根树杈是否结实，以便用来挂绳索。我还考虑到时机问题：什么时候我会一个人在家，什么时候可以顺利地把事情搞定。在这种心情下开车，有时我会想直接开到悬崖，但又考虑到安全气囊和可能伤害到别人而作罢。对我来说，这些方法都太麻烦了。

附体后的样子：

念死：

当事人丙一直对死亡"念念不忘"。许多抑郁症患者都会不断涌现关于死亡和自杀的念头，而且发病时，他们还往往无法集中注意力并做出任何决定，感觉自己的大脑被减速，已经磨损到了报废的程度。

其实如果真的死掉了也许不算太糟，关键是多数重度抑郁症患者都活在垂死的边缘，处于临界线的状态，这是非常恐怖的。就像真正掉进深渊也就无所谓好坏了，麻烦的是，你总觉得自己离危险还有一步之遥，而此刻你只能无休止地煎熬在对黑暗、未知和无法控制的恐惧之中。

“旷野”中的老门

见过了身患抑郁症而痛苦不堪的人之后，有些人不禁要问：可是，于千万人中，人山人海里，没早一步，也没晚一步，怎么就让他（她）得上了呢?

想解释这个问题并不难，但前提是我们必须先来好好了解一下抑郁症的来龙去脉。我选了一个人的案例,《忧郁》的作者安德鲁·所罗门——他不仅是一位畅销书作家，更是一位三度饱受重度抑郁症折磨的患者，在这里，为了更接地气一点儿，我称他为老门。

我们以时间轴的顺序来看看他的故事：

童年:

事实上，老门的童年几乎挑不出什么毛病，他的父母很疼爱他和弟弟，并且兄弟俩相处融洽。虽然父母有时也会为小事情争吵，但是他们从未怀疑过对彼此的爱和对孩子的全身心付出。老门的家境小康，生活没有太大的负担。

关于孩提时代，老门的绝大多数记忆都是快乐的。只是 6 岁时发生在夏令营里的一幕，让他至今想来还历历在目：

那时他跟一群小伙伴坐在一棵大树底下听故事，突然间，一种大难临头的预感席卷了他，让他无法动弹。仿佛只要他一动，可怕的事情就会马上发生，无法逃脱。在这之前，老门一直觉得生命有一个坚硬的外壳，而此刻，他站在外壳上面，突然间觉得外壳变得很脆弱，自己开始向下陷落。如果他保持不动，也许还没事，但只要稍动一下，就会陷入危险。他向左、向右，或是向前走，似乎都成了异常重要的抉择，但当时，他不知道哪个方向才能拯救他。幸好，一位老师走了过来，要他快一点儿，否则就赶不上游泳课了，那种恐惧感才被化解。有好长一段时间，他都无法忘记这种感觉，并且希望它别再回来。

少年：

中学时，老门不是很出风头，不过也交了一些朋友，参加各种聚会和活动令他非常开心，并且在校的成绩也一直不错。

但是从这时起，老门开始对性感到迷惑，觉得自己随时能为之丧失理智。因此他总是缺乏安全感，在相当长的一段时间内，他与异性和同性都刻意保持距离。那时候，他会没来由地突然陷入一种极大的不安中。这种不安师出无名，混合着悲伤与恐惧。他面对的方式就是强颜欢笑，假装与人亲近，仿佛这样做可以转移注意力。由于他尽量装作一个随和的人，因此和谐的人际关系掩盖了他的问题。

成年：

成年后的老门有着和其他年轻人一样的勇气和热情。去周游世界（虽然曾经因为无法控制的情绪问题中途放弃了几次）；去完成硕士的学业；留长发，又剪掉；参加摇滚乐团，去一个又一个地方表演；坠入情网，打算建立一个美满的家庭。古怪的情绪问题看似已经离他远去，直到25岁那年，一个转折性事件的发生，彻底改变了他日后的命运轨迹。——他的母亲被确诊患了卵巢癌。接下来，就是抑郁症大举侵袭，且一次凶险过一次。

第一次崩溃：

在被确诊为癌症两年后，老门的母亲去世。

老门陷入长久的巨大悲痛中，随后开始向身边人抱怨，说自己对生活失去了感觉，对所有人际关系都感到麻木。他不在乎爱，不在乎工作，不在乎家庭，什么都不在乎。他的写作速度开始下降，直至停顿。他发现除了纠缠不休的焦虑感外，所有强烈的情绪都没有了。

老门之前是个生命力旺盛的人，但是现在他不再渴望身体与心灵的亲密接触。周围的人，哪怕是他认识或者爱的人，都不能再引起他的关注。即使在声色场所里，他也常常神游天外。每次参加派对，他都试着让自己玩得高兴点儿，但均以失败告终。他看到朋友，试着投入地和他们互动，也无法做到。他买了梦寐以求的昂贵商品，却没有丝毫满足感。

他开始抱怨电话机里的留言让他喘不过气来，他把朋友的电话看作很严重的负担。他害怕开车，每当晚上开车时就看不见路，老觉得自己偏离车道，就要开到路边上去了，或是马上要撞上另一辆车。在高速公路上，他常常突然发觉自己手脚失控，不知道怎么开车，只好在一阵慌乱中将车子停靠到路边，吓得出了一身冷汗……

这个时候他的心理医生对他的诊断结果是：抑郁症！

第二次崩溃：

母亲去世 3 年后，经过治疗，病情暂时得到控制的老门与一位美丽且有魅力的女人相恋，他们在一起的时光非常美好。但是好景不长，当彼此的性格缺点充分暴露以后，这段关系开始变得不稳定。后来，这个女人怀孕了，但随后又把孩子打掉，这让老门有种巨大的挫败感，两个人因此发生激烈冲突，最后决定分手。随后，老门再次陷入无法自拔的悲伤深渊中……

那时，他的第一本小说已经在英国出版，虽然好评如潮，他却觉得索然无味。出版社为他安排了巡回演讲，但他恨透了这个计划。每场演讲对他来说只有灰色的人影、灰色的背景和屋子里暗淡的光线，每次演讲他都满头大汗，只想赶快逃离。

某场演讲结束回家后，老门的情况恶化到了极致！他静静地躺着，想着该说什么，该做什么，却什么都做不了。他想打电话给出版社取消巡回演讲，却发不出声音。他开始哭泣，却没有眼泪，只是断断续续地呜咽。一种就像突然被绊倒或滑倒的一刹那，手还来不及做出任何反应、脸就要撞向地面的恐惧感迎面袭来。老门彻底沦陷了，他感觉自己的视野越来越窄，周围的物体都变得模糊起来。最后，他就像变成瞎子一样，被黑暗彻底笼罩；他又好像变成了聋人，能听见的声音越来越弱，最后被骇人的寂静吞噬；那种感觉又好像身上的衣服都变成了木板，他的手肘、膝盖越来越僵硬，越来越重，“木板”将他死死束缚住，令他的身体萎缩，最后将他整个人摧毁……

两天后，老门的父亲在老门的住处发现了倒在地上滴水未进的他，随后将他送往医院。

第三次崩溃：

一场突如其来的肾结石发作，又打破了老门平稳的病情。

那天晚上在医院的急诊室里，肾结石的疼痛让他难以忍受，他坐在那里等待的每一秒都是痛苦的煎熬，那种感觉就像有人把他的中枢神经浸泡到硫酸里，一层一层最终腐蚀到那些神经的最里面。他几次向护士求助，都没人理他。身体病痛的折磨触碰到了老门的心理神经，肾结石治愈后，老门的抑郁症再次发作。

他整天四肢僵硬地躺在床上哭泣，甚至害怕去洗澡。但同时，他心里也知道洗澡其实没什么可怕的。他在心里重复着一连串动作：起床，然后把脚放在地上，站起来，走到浴室，打开浴室门，走到浴缸旁边，打开水龙头，站到水下，用肥皂抹身体，冲洗干净，走出来，擦干，走回床边。12 个步骤，对他来说执行起来就像耶稣受难般痛苦。12 件别人轻而易举就能做到的事，在他这里却举步维艰。他鼓足勇气，用尽全身的力气坐起来，转身，把脚放到地上，马上又觉得万念俱灰，想继续回到床上，可是双脚还在地上，无法动弹……几个小时后，他的窘境被父亲发现，帮他把脚举起来放回床上。那个时候，洗澡的想法对他而言变得可笑而且不真实。再次回到床上时，他稍稍松了口气，觉得唯一安全的事就是躺在床上，同时心里又凄凉不已。

病因盒子

我们知道胰岛素的匮乏会导致糖尿病，因此治疗糖尿病的方法就是增加和稳定血液中的胰岛素，这样说来，糖尿病就是单一病因型的疾病。可是对抑郁症的病因来说呢？显然不是某个单一原因可以解释的。到这里，我终于可以拿出我的宝物，通过它来一一洞穿抑郁症的病因。

物件一：心理病因

既然这是本讲心理学的书，那我们就先来说说心理病因。

在《重口味心理学》第一部（以下简称《重 1》）中我们提到过心理学的三大流派：行为主义、精神分析主义和人本主义，堪称三国鼎立，除此之外还有认知主义、机能主义、完形主义等其他小“诸侯国”，争奇斗艳。那么按照惯例，我还是分流派来说说几个有代表性的。

看过《重 1》一书中的第三篇《“害羞的膀胱”——社交恐惧》的人，应该会对下面这个家伙不太陌生——习得性无助。行为主义曾用它来解释“人为什么会患社交恐惧”，而在这里，它再次出场，来解释一下“人为什么会抑郁”。

何为“习得性无助”？来看下面这个实验：

狗 + 笼子（笼门关闭）+ 电棍将狗放进笼子内，笼门紧闭，以电棍电击它。

这时狗表现得特别“激动”，鬼哭狼嚎，上蹿下跳，东碰西撞。它急于摆脱这种状态，因此要找到一个出口逃掉，但是无果，所以只能继续做无谓的挣扎。

重复多次上述实验内容，然后变化实验内容。

狗 + 笼子（笼门大开）+ 电棍将狗放进笼子内，笼门大开，以电棍电击它。

这时狗的表现依旧特别“激动”，继续鬼哭狼嚎，但它已不再上蹿下跳、东碰西撞，即使它明明知道笼门已经打开，也不做任何逃跑的努力，只是坐在笼子里绝望地哀嚎到电击消失。

习得性无助，顾名思义，就是习惯了感到无助。在第二次实验中，狗明显对环境感到不可控制，尽管有逃跑的机会，却仍放弃做任何努力，任电击摧残。这种低动机、被动、犹豫不决的表现正是习得性无助带来的。

人的一生没有完美无缺、一帆风顺的时候，总是会遇到这样或那样的打击和创伤。但是这类事件，如果频繁出现或者长期存在，会使人对自己所处的环境感到无力控制与无助，从而不去做积极的可控制局面的事情。就像实验中的那条狗一样，电击的次数多了，痛苦多了，被困的时间久了，就丧失了奋起反抗和改变局面的力量，任人宰割。这也是很多人在生活遭受重创以后选择信仰一门宗教的原因，因为“自己已经无法扭转局面，只能靠神来做到”。

许多抑郁症患者身上都存在习得性无助，他们开始相信自己无力左右周围，因而变得消沉抑郁。例如，失去母亲的孩子可能认为生活中有许多方面是人力无法控制的。失去母亲不仅意味着孩子失去最亲近的人，也意味着家庭的动荡和破裂，如果父亲无法照顾好孩子，孩子就会长期过着一种不安定的生活，导致他们相信人生的确非人力可以控制，这可以解释为什么童年丧亲容易导致抑郁。同样，经常受丈夫殴打的妇女可能逐渐认为自己对丈夫的殴打无能为力，也无法摆脱，这也解释了为何受虐待的妇女患抑郁症的比例比较高。

在老门的案例中，我们就不难看出他在三次抑郁症发作前着实是遭遇了人生创伤：母亲去世、失恋、生病。这接二连三的打击造成他产生习得性无助，进而让他更加抑郁。

说完了行为主义的习得性无助，接着来看精神分析流派的弗洛伊德弗大爷的看法。

弗大爷认为，抑郁就是一种转向内心的愤怒。抑郁的人其实都存在一种无意识的愤怒和敌意，只不过他们自己不知道罢了。比如说，他们很想和身边的人大打出手，但是每个人的体内又都藏着一套能阻止人们表现出敌意的社会标准和价值观念，不让他们这么做。因此，这些愤怒向外走不通就转而奔向了内心，人们便拿自己出气。抑郁其实是被“气”出来的！

下面我要说一下认知主义的看法。

先上个图：

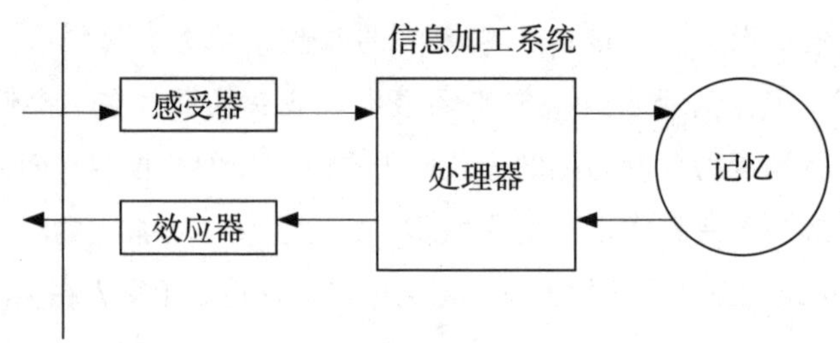

认知主义认为人的心理其实跟电脑一样，也有一套处理系统——信息加工系统。所谓一花一世界，遇到同一件事情，每个人对它的看法不同，心理活动就不同，做出的反应亦不相同。

认知主义在抑郁这件事上的看法是：人之所以抑郁，是因为他们的“处理器”坏了！究其原因，是其中的“归因风格”出了问题。

啥叫“归因风格”呢？就是“摊上事以后到底赖谁好呢”的问题。先来看下面这张图：

	内控	外控
稳定性	能力	任务难度
不稳定性	努力	运气

乍一看你可能会有些糊涂，容我慢慢解释。

何为内控、外控呢？看上图的纵列便可明白。内控就是跟自身相关的原因，比如：个人能力、努力、兴趣、态度等。而外控就是外部的环境因素，如任务的难度、外部的奖励与惩罚、运气等。所有的这些“内控”和“外控”可以划分成两类：稳定和不稳定。稳定即是可控的，如能力和任务难度；而不稳定则是相对而言不可控的，如努力和运气。见上图的横列便可知。

当一个人成功的时候，他把成功的原因归结为“内控—稳定性”的时候，成就感是最大的。因为“内控—稳定性”的指向是“能力”。显而易见，这有种“我是天才，舍我其谁”的感觉。把成功的原因归结为“内控—不稳定性”时，成就感次之，因为它指向的是“努力”，意味着成功是用“勤能补拙”换来的。接下来，当归因为“外控—稳定性”的时候，成功就多少会有些侥幸心理，因为这时的指向是“任务难度”。而成就感最低的是“外控—不稳定性”，因为这时成功与否，好像真的纯属运气问题了。

同样的道理，当一个人把失败的原因归结为“内控—稳定性”的因素时，他的挫败感最强，因“能力”包括某些与生俱来的潜质，并且是短时间内无法改变的。当归因为“内控—不稳定性”的时候，挫败感减弱，“大不了以后继续努力就是了”。当归因为“外控—稳定性”和“外控—不稳定性”时，挫败感再次递减，这简直就可以看作为自己推卸责任的借口，带着浓重的阿Q精神。

而抑郁症患者的归因风格牢牢锁定在两个模式上，那就是：成功的时候归因于“外控—不稳定性”（运气），而失败时则归因于“内控—稳定性”（能力）。“所有取得的成绩皆是因为运气好而已，但凡犯了点儿错便是因为自己天生愚笨，不可饶恕”，其心情之抑郁就可想而知了。

物件二：生物病因

直到现在，我还对很多年前一位轻度抑郁症女患者谈到的一个细节印象深刻，她说：“当我得知吃药可以治疗情绪抑郁时（她刚结束了一段为之肝肠寸断的感情），我其实松了一口气，因为我知道这是我的内分泌出了问题，就像感冒需要治疗一样，这不是我的错，是生物作用。”

“生物作用”这个词似乎减轻了人们为厌恶工作、惧怕衰老、失恋、痛恨他人所产生的恶劣情绪负责的感觉，一旦和“生物作用”扯上关系，人们就可以欣然地摆脱罪恶感。实际上，长期以来，科学研究也承认抑郁症的发作确实与内分泌有关。

那么，下面我就从“病因盒子”里再拿出一件东西——“生物病因”。下图是内分泌水平与抑郁的关系：

血清素↓←→肾上腺皮质醇↑←→抑郁↑

血清素减少，肾上腺皮质醇（这是一种压力激素）增加，抑郁加重，这三件事总是同时发生！

我们其实不知道它们之间到底是因为血清素减少才抑郁，还是因为抑郁才导致血清素减少，就如同搞不清鸡生蛋还是蛋生鸡。

一般情况下，肾上腺皮质醇的分泌很规律。以 24 小时为周期，早上升高（这样使你能够起床），然后在白天逐渐下降。而在抑郁症患者体内，肾上腺皮质醇的分泌一整天都维持在很高的程度，因为使它降低的系统出现了问题，这也是抑郁症患者早上会感到惊恐，而且这种情绪能持续一整天的原因之一。（见受害者甲的案例）

一位从挪威回来的朋友曾给我讲过一件有趣的事：在挪威的一个小镇上，由于地理纬度高，日照时间短，加上阴天下雨，一年也见不着几天太阳，所以那里的人很容易抑郁。为了摆脱抑郁，人们无限制地频繁做爱，而且也不存在道德和情感的束缚，做爱在那里成了互相帮助。

这令我想起了一种特别的抑郁症——季节性抑郁症。

季节性抑郁症经常在特定的季节发作，其中以冬季居多。就好像很多动物挨不过寒冬一样，抑郁症也在漫长的寒冬里牵绊住人们新生的脚步，很多人还没有看到春天的花，就已经选择在冬天悄无声息地消逝。

而造成季节性抑郁症的罪魁祸首就是褪黑素！我们都知道褪黑素是帮助睡眠的激素，市面上很多帮助睡眠的保健品的主要成分就是褪黑素。褪黑素见光便分解，因此只在黑暗中产生，冬季阳光少，它的产生便增多。有研究表明，褪黑素的增多，会使人感到抑郁。

现在再来看前面老门的案例，不知道大家有没有注意到一个细节：一开始说到老门的童年过得很愉快，父母彼此相爱，并很疼爱他和弟弟，兄弟俩相处融洽，但是尽管如此，老门还是会有莫名的不适感，比如在大树下听故事时，他会有种突如其来的即将命丧于此的恐惧感。这里其实就可以用生物病因来解释：老门体内的激素分泌水平可能存在问题！

除了心理病因和生物病因的解释以外，有很多人天生就是“抑郁症坯子”。

菠萝含有丰富的维生素 B、维生素 C，性味甘平，具有解暑止渴、消食止泻之功效，是受很多人欢迎的夏令水果。但是对我而言，我平生只吃过一次，就上吐下泻不止，最后被送到医院抢救了，因为我是菠萝过敏体质。

一日，我在家中用餐，面前摆着一个温热的馒头，还未等吃，就看见远处忽忽悠悠飞来一只蚊子，一头扎上去，埋头猛吸起来……我不知道它最后是什么心情，但是这说明蚊子对温度的偏爱。因为蚊子的触角里有一个受热体，对温度十分敏感，只要有一点儿温度变化，便能立即察觉到。所以流汗多的人容易被蚊子叮，因为流汗的人肌体散热快。

每个人都会对某个事物敏感，而每个疾病都会有偏爱的人群。那么什么样的人是抑郁症的易感人群？抑郁的“尖嘴”通常会叮向哪些人呢？这个问题的答案让我想起梁静茹的那首《问》：“只是女人，容易一往情深，总是为情所困，终于越陷越深……”

由于种种生理与外在的因素，女性得抑郁症的概率是男性的两倍！许多抑郁症甚至为女性独有——产后抑郁、经前抑郁和经期抑郁。大约有一成生育过的女性曾陷入严重的产后抑郁：刚当妈妈的女性很爱哭，时常会焦虑、易怒，并且对自己的婴儿漠不关心。这里有部分原因是生产耗尽了她们体内的动情激素，需要好一阵子才能恢复过来。而且生产是异常辛苦、疲惫的体验，人们在完成任何异常艰辛的事情后都会有轻微的消沉情绪。

又有研究表明，男性大脑合成血清素的速度比女性快 52%，这使得男性的情绪复原能力远远高过女性。女性库存血清素累积较慢，因而较难走出抑郁。男性不仅与女性的生理有差异，在社会力量和权力地位上也有明显的差别。女性比男性易得抑郁症的又一原因是她们的权利常常被剥夺：这个世界由男性主宰，使女性活得更辛苦。同时，女性生理上的劣势，使得她们更难保护自己：她们体格较差，容易成为强暴的受害者；她们外表老化时，容易失去社会地位；她们相对而言，缺乏独立自主的空间来发展自己，而要把感情和人生价值多半用来经营感情和家庭。但是，尽管成功的女性可以有自己发展的空间，也依然逃不了在维持工作与家庭的平衡中疲于奔命。家庭妇女和职业妇女承受的压力是一样的，所以患抑郁症的概率也几乎是相同的。

曾有一条新闻，叫《一只抑郁症袋鼠的自杀全过程》，讲的是在澳大利亚的一个海滩上，一名游客突然发现一只抑郁的袋鼠，看它在海边站立了好久，于是拿起相机拍摄，谁知接下来发生的竟是让人意想不到的一幕：这只袋鼠向海里慢慢走去，稍做犹豫，又义无反顾，越走越远……直至被浪花吞没。

如果这真是只身患抑郁症的袋鼠，那抑郁精这妖孽简直是在即将创下造成人类死亡第二大病因的纪录后，祸害了整个生物界。但是，万物相生相克，“抑郁精”的天敌也随之出现！

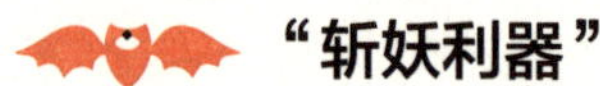

“斩妖利器”

无敌“认知—行为”阵

它是认知主义和行为主义相结合的产物，所以叫作“认知—行为”疗法。这个“阵”可就十分厉害了，因为它既告诉你怎么修好心理的“处理器”，又告诉你怎么破解“习得性无助”。

先来说说认知部分——怎么修“处理器”的问题，总共分三步：

第一步，把冰箱门打开！哈哈，不是。想修好处理器，先要意识到处理器是有问题的。

这对抑郁症患者来说其实是有些难度的，因为他们的许多思维都是自动生成的，超出了意识控制范围，消极的思维方式对他们来说是自然而然的。那可怎么办呢？写出来！这个时候治疗师会给患者布置家庭作业，让他们留意自己感到忧伤和抑郁的时间，并及时将当时的想法记录下来。下面举一个例子：

日期	事件	情绪	自己的想法
4月4日	老板似乎生气了	悲伤、忧虑	唉，我做了什么吗？
		担心	如果我老是让他生气，我会被开除的
4月5日	丈夫不想和我亲热	难过	我太胖，不好看
4月7日	老板冲另一名员工大喊大叫	担心	下一个就轮到我
4月9日	丈夫说他下个月要去很远的地方公干	悲伤	他可能在那儿养了情人
		挫败感	我的婚姻要完蛋了
4月10日	邻居拿来一些糕点	有一点儿开心，但主要还是难过	她可能认为我不会烹调，我看起来总是一团糟，而且她来的时候，家里乱得一塌糊涂

事后这位患者表明，自己当时并没有意识到，她在每次老板对她略微动怒时都会产生将被解雇的绝望念头。

这一招用在解决我们平日里的情绪问题时也同样管用：当你觉得心里有些“不舒服”的时候，不妨拿笔将最近发生的事写下来，然后顺藤摸瓜，根据线索找出引起你心里不舒服的原因，解决它。

第二步，既然承认了处理器是有问题的，那么下一步就检查一下问题出在哪儿。

常见“故障”如下：

要么全，要么没：认为事物非黑即白，如果表现不尽完美，那么自己就是个彻头彻尾的失败者。

过分地概括化：一朝被蛇咬，十年怕井绳，将单一的消极事件视为永久的失败模式。“今天的事情搞砸了，这件事情我一辈子也做不好。”

心理渗透：抓住单一的消极细节不放，以致对整个现实的看法都变得消极，就像一颗老鼠屎坏了一锅汤。

拒绝“阳光”：拒绝接受积极的体验，找一些理由将这些体验排除在外。“我就是不想开心，你能拿我怎样？”

草率下结论：即使没有任何证据支持你的结论，你也会对事件做出消极的解释。

猜测他人的心理：武断地认为某人对你有消极的反应，而又不愿费心去核实这一点。“这个人一定看不上我。”

错把自己当作算命先生：总是预测情况会不妙，而且肯定自己的预测是已经存在的事实。“我早就觉得这件事不对了。”

双目镜错觉：把别人的成绩或者自己的失误夸张到大得不能再大的程度，把自己好的品质或者他人的缺点缩小到小得不能再小的程度，看别人怎么看怎么顺眼，看自己怎么看怎么不舒服。

情绪“柯南”：擅长推理自己的情绪，假定自己的消极情绪反映了事物的真实情况。“我这样觉得，那么就肯定错不了。”

贴标签：不是就事论事，而是就人论事。如果自己犯了错，不理错误的事情本身，而是先给自己贴上个标签：“我是个白痴，我是个失败者。”如果旁人的失误招惹到了自己，便从此在心里记恨对方：“他是个浑蛋！”所谓杀敌一千，自损八百，不管什么原因，当你恨一个人的同时，自己势必也会被愤怒的火焰灼伤。

第三步，修理“处理器”的故障。

这时，心理治疗师会向患者提出一系列问题，帮助他们改变看待事物的视角。例如针对上面的情况，心理治疗师会问：“你能证明你认为老板生气的想法是正确的吗？难道就没有其他的解释？如果是真的，你会怎么办，你又能怎么样？……”这时，患者会根据这些问题对自己先前的想法进行反思，并试着从其他角度看待这些问题。比如："老板没准是感觉事业压力大才发火，其实与我无关。""如果真是对我发火，那可能是我的工作有问题，我可以及时做出调整和改正。""就算炒了我鱿鱼又能怎样呢？祸福本就相依，何况全天下又不是只有这一家公司……"

以上就是认知的部分。

不知道有没有人想过这个问题：习得性无助是说人经历了太多消极的事情，遭到了太多的否定，然后变得无可奈何，即使在机会到来的情况下也不做任何努力。那么，反过来可不可以这样假设：如果让一个人不断经历积极的事，得到积极的肯定，那么在以后绝大部分的生活中，他都能选择乐观地面对，即使偶尔挫折来袭也无所畏惧？

这个假设得到了一个人的认同：美国心理学家，新行为主义学习理论的创始人——斯金纳。

斯金纳有个非常著名的强化理论：不管好的坏的，只要让我多强化几次，什么行为我都能给你控制了！即他认为行为之所以发生变化就是因为强化作用，因此对强化作用的控制就是对行为的控制。这样来看，小时候我们的父母和长辈教育我们的方式还是很"高端"的，他们跟我们说"你吃完这些青菜，才可以吃零食""你写完作业，才可以玩游戏"，这完全就是强化理论中的"普雷马克原理"呀：用高频的活动去强化低频的活动，即用人们喜欢做的事去强化人们做不喜欢做的事。

"认知—行为"疗法的"行为"部分就用到了强化的理论。例如，一个人如果老是想着"我不能要求我需要的东西，因为对方可能会很生气，那就太可怕了"，久而久之，他就不可能向他人提要求，甚至合理的要求也不敢提。治疗师这时会陪着患者制定一些练习方案，让他反复执行某一合理的行为，并在大多数情况下得到积极的反馈，以此来纠正患者的错误观念，改变他的行为。

通常情况下，"认知—行为"疗法一出，天下我有！60%～70% 的抑郁症患者病情会得到有效缓解。

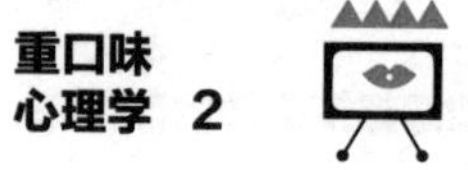

接着再来说说另一斩妖利器——

电阵

电阵实名为“电痉挛疗法”，最早被用于治疗精神分裂症。它的治疗过程是，首先将患者麻醉并注射肌肉松弛剂，这样患者在抽搐的时候肌肉才不会发生剧烈挛缩。然后在患者的头上绑上金属电极，让 70～130 伏的电流穿过患者的大脑，患者因此开始“抖个不停”，时间大概能持续一分钟。

电痉挛疗法最常用于对药物治疗不敏感的患者，而且此类患者中 50%～60% 的症状都会得到缓解。尽管非常见效，但是同时它也是最具争议的治疗方法之一：

首先，此前有报道称电疗被用于处罚难以驾驭的病人，在电影《飞越疯人院》中就有这样的场景，而美剧《美国恐怖故事 2》中也有。

其次，电痉挛疗法会造成短时记忆混乱，也会影响长时记忆。

人的记忆分为三类：瞬时记忆、短时记忆、长时记忆。

瞬时记忆非常短暂，只能把感觉信息保存极短的时间，一般为 0.25 秒～2 秒。例如，我们在看电影的时候，屏幕上实际呈现的只是一幅幅静止的图像，但是当这些图像连续播放的时候，我们便可以看到运动的画面，这就是瞬时记忆存在的结果。而短时记忆是瞬时记忆和长时记忆的中间阶段，保持时间为 5 秒～2 分钟，通常是一个陌生手机号码在大脑中停留的时间。长时记忆则是一种永久性的存储，它的保存时间从一分钟到许多年，甚至终生。它大多是由短时记忆经过加工转化而来的，也有由于印象深刻而一次获得。

电痉挛疗法引起的记忆混乱通常都是暂时性的，但有些病人会有长时记忆，也就是永久的记忆力丧失。曾有报道称，一位女律师在做了电痉挛疗法之后，失去了所有在法律学校里的记忆。她想不起任何学过的东西，也忘了自己上过什么学校，以及认识的同学。这是很少见很极端的例子，算是比较不幸的。

除了“认知—行为”阵、电阵之外，还有药阵（药物治疗）与人阵（人际疗法）等。就像抑郁症的病因不会是单一的，抑郁症的治疗也需要多种手段综合运用，才能更好地将“抑郁精”斩杀殆尽。

“春天来了，可我却看不见”

在我这篇文章写到结尾的时候，网络上出了一件事。《盗墓笔记》的作者“南派三叔”突然发了一条微博：“4 月 16 日，十年的婚姻即将走到尽头，责任全部在我，我从 2012 年开始出轨，我是个人渣，对不起，错爱我的各位。”

随后，他的爱人发出一条微博：“声明：1. 我们没离婚。2. 南派三叔 2011 年末恶患早期精神分裂及双相情感障碍，且抗拒治疗。3. 今年年初起，行为举止已经出现逻辑混乱和妄想。此事会做官方声明。4. 我会和家人一起尽力说服他，住院治疗。”

再然后南派三叔的父亲又发了一条微博说：“各位好，徐磊经过家人的劝解，已经决定接受住院治疗，我们希望他远离网络，一些他未完成的工作，我们会代为传达沟通，为了避免媒体骚扰，暂时不会公开住院的城市和医院名称……”

不知你们看完上面这三条微博有什么感想，对我而言，就一句话：又是双相情感障碍！

我第一次听到它的名字，是在很多年前的一条新闻里：一位患上双相情感障碍的 IBM 中国员工因病无法工作而被公司辞退，接着他与 IBM 展开了一场旷日持久的劳动官司。当时我不了解心理学，单从名字上看，我想象不出双相情感障碍会有多严重，以致让人无法正常工作。

如果你坐过过山车，体验过加速、坠落和抛升，你就会明白，这种情绪上的过山车式体验便是双相情感障碍了，时而抑郁，时而躁狂。当躁狂开始的时候，无论你干什么都精力充沛，热情高涨，为不断涌现的想法亢奋不已，言谈和思考的速度之快令周围的人都跟不上节奏，大脑像游戏开了外挂般急速旋转。事实上，历史上的很多名人，比如一些作曲家都患有双相情感障碍，他们躁狂发作的时候，也恰恰是他们创作的高峰……不知三叔的病是否对他的写作也起了一定的帮助作用。躁狂的时候，你会觉得自己正站在世界之巅，有前所未有的膨胀感和自负感，有的人甚至把自己当作拯救众生的神灵，因此把所有积蓄都捐给慈善机构……

但是好景不长，躁狂发作过后，双相情感障碍的患者又不得不拖着疲惫不堪的身体向另一个极端奔去：抑郁。这时，他们的活力和热情消失，言谈、思考和行动变得迟缓，生活变得无趣。他们已从世界之巅坠入无限黑暗的深渊……

就这样，抑郁与躁狂相互交替、周而复始、永不停歇、没有尽头，这等痛苦非常人可以承受。

抑郁症和双相情感障碍能对人们的生活产生灾难性的影响，但是人们对它的关注度却与它所带来的后果极不相符。一些研究指出，发展中国家的人可能会将抑郁伪装成“身体不适”的方式来表达，而不是真正表现出悲伤、无精打采以及对未来的绝望。比如，面临巨大生活压力的中国人在抑郁时，往往表现为神经衰弱、慢性头疼、懒洋洋、心悸等身体症状，从而被身边人忽略了问题的严重性。

诗人拜伦有一次看见一位盲人身边挂着一块牌子，上面写道：自幼失明，沿街乞讨。可是他手上的那个破盒子却空空如也。于是，拜伦在他的牌子上写了一句话：春天来了，可是我却看不见。之后，过路之人纷纷解囊。

假如你是抑郁症或者双相情感障碍的患者，也需要一块牌子，你又会希望别人在上面为你写些什么呢？

第五章

恐怖的欲望

——碎尸杀人狂

HARDCORE PSYCHOLOGY

“2012年5月末，加拿大蒙特利尔市发生一起凶杀案，犯罪嫌疑人卢卡·罗科·马尼奥塔（Luka Rocco Magnotta）（以下简称为L）将中国籍留学生林俊杀害后分尸，并将部分尸块装进邮包，寄给在加拿大首都渥太华的两大政党总部。5月26日，据信记录受害者被害场面的一段视频被马尼奥塔放到了网上，视频显示凶手杀害、肢解、奸尸后吃掉部分尸身的过程……6月4日，德国警方在柏林一家网吧将嫌犯卢卡·罗科·马尼奥塔抓获。”

当时这条新闻一出，真是给很多人平淡的生活注入了一支“强心剂”，茶余饭后多了多少谈资。说来也巧，那时正值我的《重1》面市，算是“重”到一起去了，很多朋友都跑来问我，对这个案子怎么看？

我想大家这样问我，无非就是想知道两件事：

什么使他变成这样？

他为什么要这么做？

希望看完这篇文章时，每个人都会有自己的答案。同时，我也想在这里解决第三件事，就是——学会怎样对此类案件进行心理层面的分析。

这样，以后若遇到自己感兴趣的案件，大家便可以自己做分析了。

俗话说得好，巧妇难为无米之炊。我和大部分“围观群众”一样，对这个案件的了解程度仅限于网络上的只言片语，还有那个记录受害人被害场面的视频。怎么办?

但是我知道一个道理：要想了解食人魔的心理，只有去问另一个食人魔。于是我翻出了世界十大连环杀手之一，分尸、恋尸癖和食人魔的代言人——Jeffrey Dahmer（以下简称为J）的“卷宗”。

因为这两起案件有着惊人的相似之处，所以读J这位“前辈”的“历史”，有助于我们“明”L的“鉴”。

J在13年间一共杀害了17名年轻男性。为满足其特别的性癖要求，他将受害者分尸，对部分尸块加以保存，并最终吃掉他们。但是接触过J的人曾回忆道:“他所犯下的罪行非常可怕，你会想这只有一个疯子或者一个十恶不赦的人才做得出来，但当你跟他谈话时，你会发现，他聪明，机灵，会开玩笑。他可以用这些糊弄住很多人，所以你不会相信那些可怕的事情是他做出来的，打死我也猜不到他会是一个杀人狂。”

认识L的人也曾说:“他看来有点儿女人气，话不多，有点儿冷漠，但有时会笑。”

这样两个看起来无辜的人，是如何成为令人毛骨悚然的杀手的呢?

我们需要从他们过往的一点一滴中找寻答案。

“汉尼拔”们的来时路

J的童年:

J来自一个典型的白人中产阶级家庭，吃穿不愁，还受过教育。

没有证据显示J在童年时期遭受过虐待或者伤害，但是他的母亲患有抑郁症（上一章我们正好讲到“抑郁症”，大家可以想象一下J的母亲的状况），她大部分时间都在睡觉，不参加任何家庭活动。J的父亲是位化学博士，非常聪明，同时也非常忙碌，大部分时间都花在工作上。父母关系的不和，使幼小的

J倍感孤独、被忽略，于是他将兴趣转向了动物，但J对待动物的方式和其他孩子完全不同。

当他七八岁大的时候，有一次，他发现了一只腐烂透了的松鼠，尸体连着骨头，他就把骨肉分开；他发现被车碾死的浣熊或者狗，会想把它们的肚子用刀剖开，看看里面是什么样子；他在附近的村子里游荡，寻找死去的动物的尸体，增加他的尸体收藏。

J对尸骨的幻想和渴望持续到了成年阶段，并最终把这种欲望从动物转向了人类。

L的童年：

很少有人了解L的幼年生活（我都说了材料不足嘛），加拿大警方曾经分别找到他的母亲和妹妹，想了解一些情况，但她们都拒绝对L进行评论。有媒体曾描述他的童年“有过一段不堪回首的经历”，可具体遭受过怎样的虐待却无从知晓。

分析1：

如果你看过我的第一本书，或者你读过一些专业的关于变态心理学方面的书籍，你会发现一个现象：很多心理疾病，比如恋童癖、精神分裂、物质成瘾等，它们的起因几乎都包含了一条——患者在童年时期受过“蹂躏”。或者被毒打，或者被性侵，或者受过一些成人行为的不良影响……而且，由于死亡、离婚或者被遗弃而造成的家庭状况的变化，也确实已经被公认为是形成犯罪的重要原因。

为了提供更多证明，这里我们可以再举一个例子——“绿河杀手”的童年经历：

加里·莱昂·里奇韦（Gary Leon Ridgway）（以下简称为G）因为曾在20多年里，将杀害的近50名妇女（大部分是妓女）的尸体抛入位于美国西雅图南郊的Green River（绿河）内，因而得名“绿河杀手”。他也是美国历史上杀害无辜生命最多的连环杀手之一。

G 的母亲在百货公司做兼职，打扮妖艳，穿着暴露。G 的父亲是乡镇的司机。G 的整个童年和青少年时期都在尿床，每次他尿床后，母亲都会带他到浴缸里清洗，这中间包括清洗他的生殖器。有时在洗澡的过程中，母亲的裹身浴巾会掉下来，里面什么都没穿，G 看到后就会勃起。对他这个年龄的男孩儿来说，这并不是一个很好的感觉。

大部分青少年时期的男孩儿在处理自己的性冲动时，都会经历一段比较“危险”的时期。如果这个时期母亲的行为举止过于性感和挑逗，会使一个不成熟的男孩儿感到心绪不宁，可能会把自己的母亲视为性幻想对象。这种情况对他们日后的人格发展是很不利的，人格会变得很不稳定。

G 有时跟父亲一起工作，父亲会突然说：“你看见那个女人了吗？她是个妓女，她是这个社会的垃圾！”父亲会严厉地斥责妓女，谈论她们是多么肮脏丑恶，然后他就把 G 留在车里，自己找妓女上床去了……

G 的父母的做法对他造成了很不良的影响，令他对性、对人生都感到困惑无比。

再看 J 和 L 这两位的童年：一位是被忽略或冷漠对待，一位据说“有过一段不堪回首的经历”，恰好符合了变态罪犯童年经历的特点。

除此之外，曾有研究指出变态连环杀手的三个特征：

小时候虐待动物；

进行破坏性的放火；

尿床。

感兴趣的读者可以自己收集更多变态连环杀手案例，会发现更多的他们童年的相似遭遇和共同点。

J 的少年：

当 J 十三四岁有了性意识的时候，他跟一个邻居男孩儿接吻了。他意识到自己被男孩子所吸引，于是同性性取向开始萌芽。当时 J 的日子并不好过，他是被骚扰和虐待的不二人选，经常被揍得不轻。

进入高中后，J 突然变得非常古怪，渴望被人关注，有时有人给他点儿钱，他就可以在商场里表演一系列叛逆、怪诞、离奇的举动，来吸引人的眼球。同时，他发现喝酒能减轻自己的痛苦、对性的迷惑以及对罪恶的幻想。他的朋友还记得他对动物所做的恐怖实验：钓鱼的时候 J 把鱼从湖里拉出来，然后拿出折刀把鱼切得粉碎。朋友问："你这是在干吗呢？" J 回答："我只是想知道它被碎尸后的样子。"

一个十几岁的少年，将他在童年时期对死亡动物的幻想，慢慢地延伸到了和死去或者昏过去的男人做爱的性幻想上。

一次，当地报纸上报道了一则新闻，一个年轻男子因为摩托车事故丧生。J 看到报纸上该男子的照片就爱上了他，并且去参加了他的葬礼，只为一睹遗体的"芳容"。就在看到遗体的那一瞬间，他有了性冲动，于是借故去厕所里手淫。还有一次，他幻想杀死树林里的一位慢跑者：自己躲在灌木里，手里拿着棒球棒，慢跑者路过时，他就击打慢跑者的头部，这样就可以得到这个男人。他说他真的带着棒球棒去等这个慢跑者，但幸亏那天慢跑者没有出现。

后来，J 的父母婚姻破裂，母亲因为精神崩溃住进了精神病院，父亲离开了家，整个房子只剩下他一个人终日与幻想为伴。那时，他对身边的人、对这个世界完全失望了。

L 的少年：

有关 L 少年时期的信息在这里非常有限，只知道他的旧友曾说过："L 的生活过得并不如意，16 岁那年便因父母反对双性恋取向而离家出走，其后当应召男妓时又惨遭轮奸。"还有人提到过："L 有虐待动物的癖好，并在网上上传过虐猫视频。"

分析 2：

弗洛伊德曾经说过一个观点——"人格发展的心理性欲阶段"，他根据

“力比多[1]”在人们不同发展时期中集中的部位不同，将人的发展划分为几个时期：口唇期、肛门期、前生殖器期、潜伏期和青春期。

如果人的一生中，这几个时期的心理能量能够得到合理发泄，平稳过渡，那以后的日子基本就相安无事。但是如果在某个时期心理能量的输送被卡住，想要发泄的东西没有得到发泄，那么，尽管表面上的生理生长还在继续，但心理发展却只能从此停滞不前。

大禹说过，治水靠疏不靠堵。一旦心理能量被堵住，得不到疏导，越积越多，日后就势必变成一种强大的扭曲的力量，以一种意想不到的方式喷薄而出。都说“少年不识愁滋味”，并不代表“少年不遭愁滋味”，没准都给你攒着放到以后折腾呢。

回看J和L的少年时期，有两个共同点：性取向问题和虐待动物。

J和L在青春性启蒙时期都遭遇了令他们无比困惑的事，就是他们的性取向发生了问题。

其实，性取向发生问题并不是什么大事，关键在于他们的性取向得不到周围人的认同。大家都不支持这事，就比较憋屈了，没法直说，也没法明做。于是少年体内蠢蠢欲动的性能量得不到有效释放，堵在那里辗转反侧，也为日后他们的发指行径埋下隐患。

很多人表达对动物喜欢的方式，是用力揉捏它们的身体直至变形。在它们“娇羞”的“呻吟”声和略显痛苦的表情中，内心能够得到极大的满足，同时也释放了自己的心理能量。

对J和L而言，他们在性途径上的能量得不到发泄，没法达到内心的满足，就要转而另寻其他的渠道——跟动物接触。但是他们被压抑的性能量，已经到了异常扭曲而强大的地步，远不是爱抚动物这种“小口径”的正常发泄方式可以满足的，他们不得不升级到更激烈的方式：虐待！看到动物在痛苦尖叫与鲜血四溅中，身体变得支离破碎，内心方才得到充分满足，就像我们常说的

[1] 力比多（Libido）即性力。这里的性不是指生殖意义上的性，而是泛指一切身体器官的快感。

“爱死（虐杀）你了”。

J和L的性冲动和切割动物尸体在某种程度上形成了一种联系，少年时对动物的所作所为，最终在人类身上付诸实践。

恶魔的养成

J曾跟身边人说过他的一个幻想：他遇到一个搭车的人，这个人有着典型的美男子身材，窄腰，宽肩，挺拔的胸，没穿上衣，体毛很少。他会让这个人上车，然后他们一起找乐子，还有进行各种性冒险。

最终他在18岁时实现了这个幻想，一位名叫史蒂文·希克斯（Steven Hicks）（以下简称为S）的16岁少年出现在他的眼前。S是一个向往自由的年轻人，想搭顺风车去夏季狂欢节。S搭上了J的顺风车，但J把S带回了家。他们喝了很多酒，还吸了点儿毒，当S想离开的时候，却遭到了阻拦。J希望S留下来，因为他很孤独，还因为吸毒变得有点儿兴奋。J后来解释说，当他试图阻止S离开的时候，没承想却遭到反抗，他们开始扭打到一起。这时，J随手抓起了一个哑铃，朝S头上砸去……他本没想杀S，只是希望S留下，却还是失手将S打死了。

J把S的尸体拖到地下室，将他的肉从骨头上剥下来，用大锤将骨头敲碎，然后把碎骨和肉散在树丛四处。接下来的几个星期里，J一直在关注报纸上是否有关于S失踪的新闻，但是没有任何人发现。然后他想“没事了”“我杀了人但是没人知道”“我是同性恋但是没人知道”。从这一刻起，这些秘密成为他生活的一部分，并且折磨着他。

这就是J第一次杀人时的情形，他下一次举起屠刀已经是9年后的事情了。而且一旦开始，他就无法停止。

J进入大学后就开始酗酒，他曾尝试过正常的生活，但是没有成功，后来J因为酗酒被学校开除，参军后又被军队开除，没有工作，也没有一技之长。同时为了抑制杀戮的欲望，J搬去同他的祖母一起住，并试图从宗教中找到慰藉。这期间，他每个星期天都跟祖母一起去教堂，尝试着看《圣经》，没有做过任何与同性恋有关的事情，努力使自己远离同性恋的圈子。他觉得事情发展得不错：“宗教会成为我的救世主。”在这段时间里，J 的欲望得到了暂时的控制……

然而，这只是暴风雨前的宁静，偶然发生的一件事打破了他的平静。一天，在图书馆里，他正在看书，一个年轻男子走了过来，把一张皱皱巴巴的字条扔在他面前，然后走开了。字条上写着：“如果你想口交，到男厕所来。”

就像费力吹起的理想气球被一针扎破，这种被“识破”的绝望和沮丧充斥了 J 的内心。后来法庭审讯时的一段录音也证实了这个问题：

法官：“你觉得那张字条是个催化剂吗？是一个开始吗？”

J：“看起来是这样的，因为就是那个时候所有努力都化为泡影。”

法官：“那对你意味着什么？”

J：“它就在那里，有点儿像随便一个人扔来的挑战，事情的确开始变得越来越糟。”

法官：“你没有去找那个人，你们并没有见面是吗？”

J：“是的，没有见面。”

尽管 J 当时并没有做出任何回应，但这张字条仿佛就是开启潘多拉魔盒的钥匙，让他重新回到罪恶之中。

一开始，J 混迹于当地的同性恋浴池里，他把他的伴侣带到小房间，然后给他们下药。他是一个自私的“爱人”，在同性性爱中，他只想做“攻”，拒绝做“受”。对 J 来说，性行为的意义是索取和掌控。但是他给年轻同性恋男子下药的事情传了出去，很快他就被当地的同性恋场所驱逐了。

于是他便把勾引“猎物”的场所改在了酒吧。J 跟第二个受害人便是在某个酒吧相遇的，随后 J 将他带到酒店，给他喝了被下了药的酒，那人昏了过去。第二天早上醒来的时候，J 发现身边的这个人已经死了，脸上、胸口都有被殴打过的痕迹。J 知道是自己杀了他，却不记得是怎么发生的，因为 J 昨晚也喝多了。

这个人的死只是这场长达5年的杀戮的开始。在接连杀死4个人之后，意外的状况发生了：第5个受害人逃跑了。受害人报了警，于是警察以猥亵一个13岁男孩儿的罪名将J逮捕。在法庭上，警察对他手上的其他几桩命案毫不知情，J只被判了12个月的监禁。刑满释放后，他从祖母家搬了出来，因为他需要一个属于自己的作案场所——一套公寓。在这里，他充分满足了自己曾经的幻想，对别人实施了恐怖的性行为，这是一个死亡和毁灭的地方。

每一次，J给受害人喝事先下了药的饮料，在他们昏迷的时候蹂躏他们的身体。然后他会俯下身来听他们的心跳，当受害人的呼吸从深长变为短促的时候，他知道受害人快醒了，是时候杀死他们了。在受害人被肢解以后，J会将他喜欢的尸块保存在公寓里好几天。他会和尸体睡觉，躺在尸体旁边，膜拜尸体，为尸体照相。他平时上班的时候，会把一些尸体放在浴缸里，用冰保存起来，放到周末。在周末，他可以有更多时间享受与这些尸体在一起的时光。他同尸体一起躺在浴缸里，他说这样他就不用独自洗冷水澡，也不会觉得寒冷……

J后来回忆道："我真正喜欢的是死人，因为那样我不需要与他们有交谈，也不需要面对他们的拒绝，我可以随心所欲地摆布他们。"

在与尸体的相处中，J最喜欢做的是跟尸体做爱。他对尸体的兴趣变得越来越狂热，一直想要找到理想中完美的性高潮，所以不得不做更多的事来达到完美的高潮体验：和受害人做爱，然后杀了他们，然后和他们的尸体做爱，然后和他们的内脏做爱，然后吃掉和他做过爱的人。

审讯录音：

J："在肢解的过程中，我保留了心脏、大腿、胳膊、肱二头肌和肝脏的肉，把它们切成小块洗干净，放到一些干净的塑料冷冻袋里，然后把它们放到冷藏室里，只是把这些作为一些新的尝试来获得更多满足感。而且我会烹饪它们，然后看着照下来的照片，进行手淫。"

在J被捕前的一个月，他吃的唯一肉食就是人肉。

L 杀害被害人时的现场视频在网上有流传，善意提醒，心理承受能力超强的人才可以看一下。

分析 3：

既然文章一开头就提到 J 是恋尸癖代言人，后面又反复提到一个“关键性画面”——奸尸，不如这里我们就先从“恋尸癖”谈起。

困惑的浪漫——恋尸癖

在我的第一本书中曾介绍过“恋物癖”这种心理疾病，是人们对“非人类”甚至“非生命”物体产生性冲动并发生性行为。恋物癖一旦形成，所恋物品本身对患者来说才是真正的性对象！常见的对象有柔软、皮毛质地、带花边的物品，例如蕾丝的女式内裤、长袜和吊带袜；或者平坦、坚实的物品，比如高跟鞋、黑色手套。还有恋枕头、恋铅笔、恋足，甚至是恋汽车的排气管。其意味就像歌德的《浮士德》中所说的：

> 把那天使的珍品弄点儿过来！
> 引我到她安息的所在！
> 从她胸脯上解下一条围巾，
> 或是打动我爱情的一根袜带！

可以说有多少种物体就有多少种恋物癖，而恋尸癖则称得上是其中的大 boss 了！和其他恋物癖一样，恋尸癖需要具备两个条件才能叫恋尸癖：

能够对尸体产生性冲动；

能够跟尸体发生性行为。

这时再来看看 J 和 L 的所作所为，与上面的条件非常吻合。

但是恋尸癖并不是变态杀人狂的专利，在我们周围的普通人身上也会发生。

因为恋尸癖隶属于恋物癖，以前我也介绍过恋物癖的成因，在这里就针对恋尸癖的具体情况补充几点。同时，这样我们也可以通过恋尸癖的起因来了解更多J与L的犯罪原因。

恋尸癖成因：

类似我们曾在恋物癖中说过的，恋尸癖是对不恰当的性目标建立起了条件反射形成的。

→J和L没办法很好地跟人建立正常关系，但渴望跟尸体有性接触。

恋尸癖者内在道德观缺失，无力承担长期性关系所需要承担的责任，而去追寻短期的性满足。

→J频繁地更换性伴，即受害者。

恋尸癖者有关性欲的思想扭曲，缺少令人满足的正常的性宣泄途径，缺少对受害者痛苦的同情。

→J和L的性取向（同性恋或双性恋）得不到周围人的认同。

恋尸癖者喜欢一切机械的、不能成长的东西，他们渴望把有机物改造成无机物，把一切生命过程、感觉和思维都变成物体。

→实际上，J真正想要的是一个他可以完全掌控的同伴，无论是活的还是死的，但是显然尸体比活人更容易控制。

恋尸癖者的视线只停留在过去，从未展望过将来。他们基本上都是些感伤的人，换言之，他们只回味着昨日的感受或者曾经历过的事。这些恋尸癖者的感情是冷漠的、疏远的，他们的价值观恰恰与正常人的价值观相反，令他们激动和满足的不是生存而是死亡！

J与L真正迷恋的是死亡的美学，以及受害者在他们眼中的美，这就是他们要把尸体摆放成各种扭曲的姿势，并乐意向镜头展示的原因。

相较于他们犯下的罪行，恋尸癖本身并不是无药可救。我们既然提到了“恋尸癖是对不恰当的性目标建立起了条件反射形成的”，那么我们可不可以摧毁这个错误的条件反射，建立正确的呢？答案是肯定的。

“强撸灰飞烟灭”法：

当患者产生异常的性幻想（如对尸体、尸骨之类的）时，用药物对他们施加刺激，使他们能持续手淫 45 分钟到两个小时不间断，如此导致“审美疲劳”，形成厌恶反射。

当患者对一个适当的性幻想对象进行手淫（不是尸体、尸骨之类的）时，可以让他们骄傲地大声说出来，使他们通过这种合适的行为得到满足感和认同感，形成正确的性条件反射。

“意淫”法：

患者先是被允许在错误的性幻想下进行手淫，到了紧要关头，立即转变性幻想对象，这样他们即使想“刹车”也来不及了。经过反复练习，患者可以更早地开始正确的性幻想，并仍保持兴奋的状态。

心理癌症——反社会人格障碍

在电影《沉默的羔羊》中，安东尼·霍普金斯大叔成功地饰演了一位典型的反社会人格障碍患者，而主演了“现实版”《沉默的羔羊》的 J 和 L 又何尝不是现实中的反社会人格障碍患者呢？

如果把抑郁症和强迫症等认为是心理疾病中的“伤风感冒”，那么人格障碍就当仁不让地称得上心理疾病中的“癌症”了！像身体的癌症一样，人格障碍这种心理癌症也有着漫长的潜伏和演变期，冰冻三尺，非一日之寒。同时，当它病发时，也和身体癌症一样难以治愈和令人绝望。

反社会人格障碍的患者在儿童时期就会出现各种行为问题：残忍地对待动

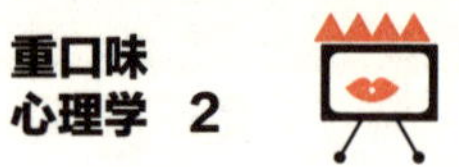

物、破坏公物、撒谎、违反规定等（就像J和L在童年的所作所为）。但是这些早期的行为问题往往会被学校的老师最先发现，逐渐引起警察或监护人的注意，从而得到遏制和改善。如若不然，一旦儿童期的行为问题形成了稳定的模式，就极有可能在成年后发展成反社会人格障碍。随着这些“熊孩子”体力、认知能力的发展和性成熟，情况往往会恶化，撒谎、打架、偷窃等小问题会演变为诸如入室抢劫、故意破坏、强奸等较为严重的问题。有些儿童甚至会很快养成一种极其危险的、施虐成性的人格。例如，我们有时会听到不满14周岁的儿童非常残忍地杀害其他儿童，而且毫无悔意的新闻报道。

下面我们就来说几个体现在J身上的反社会人格障碍的典型表现。

“缺乏对他人的关爱”：

反社会人格者无视法律，反复表现出骚扰他人、打架、破坏公物、盗窃等违法行为。“冷血”是对他们与他人互动的最好描述。为了获得奖赏和快乐（如金钱、权力、社会资源、性等），反社会者会操控或欺骗他人。

这一点在J的“恐怖秀”中再明显不过了，他反复寻找受害者，操控他们，“把他的伴侣带到小房间，然后给他们下药”，以获得自己想要的性。

“易冲动”：

这是反社会人格的另一个普遍特征，通常表现为缺乏计划，更不会考虑后果。例如，有的反社会人格者进入加油站后，一时兴起抢劫服务人员，即使他们并未想好如何撤退。就像J杀死他的第一个受害者S一样，事先也没有详细的计划。

除此之外，他们常常不假思索地做出一些日常决定，且完全不计后果。例如，一位反社会人格者不向妻儿做任何交代便离家出走好几天。这样做通常会导致关系危机，并给工作带来麻烦，因此他们常常需要更换工作、更换伴侣、变更住所。

“能言善辩、风度翩翩”：

有些反社会人格者在社交中表现得非常出色，他们很圆滑，充满自信。通常，他们在初次见面的时候会给人留下很好的印象，以便日后能利用新“朋友”。很多人因反社会人格者表现出的魅力而上当，甚至警察、心理医生等专业人员也曾被蒙骗。事实上，这类反社会人格者通常也是行骗的高手。试想，若不是因为J外表英俊，举止得当，善于忽悠，又怎能一次次地成功将受害人哄骗得手呢?

“对社会态度冷漠”：

反社会人格者对自己的行为毫无悔意，总为自己的罪行开脱，认为被害人“罪有应得”。例如，他们有时把责任强加在被害人身上，认为他们是“咎由自取”。反社会人格者的报复心强，极具攻击性，所以他们也比常人更容易死于杀人、意外事故等暴力方式。

J在受审时说的一句话说明了这一点：

法官：“你就一点儿不受良心的谴责吗？”

J：“是的，如果愧疚我就不会做了……”

如果你还想更深入了解自己身边的反社会人格者，不妨试一下下面这个小练习：

接下来的一星期，请你每天通过各种渠道浏览新闻信息，寻找关于反社会型人格障碍人物的报道，如谋杀者、白领罪犯或骗人高手。把这些报道集中在一起，然后和其他人讨论，从该人物的生活和实际行动中，寻找与下面列举的反社会人格特征相符的证据。

反社会人格障碍的特征：	反社会人格的典型想法：
对他人缺乏关爱	“记住，自己小心一点儿。”
易冲动	“世道一片混乱，只有强者才能生存。”
脾气急躁，具有攻击性	“为达目的，我不惜一切代价。”
鲁莽，缺乏责任感	“我不在乎他人怎么看。”
能言善辩，风度翩翩	“生活对我来说太残酷了，我该得到一些机会了。”
冷漠的社会态度	“我没必要守信用，那些人活该。”
无愧疚感	
不关心他人疾苦	

反社会人格障碍导致了J和L等人的犯罪，那么又是什么导致了他们患上反社会人格障碍呢？这个问题就像搞清楚恋尸癖的成因，就能搞清楚一部分他们犯罪的原因一样，有必要深究一下。

这里有两种说法：生物和心理。

先来看生物的。有研究表明，人的大脑中有负责抑制行为的系统，这种系统扮演的角色就是“心理刹车手”！当惩罚信号出现时，该系统会控制住人们正在发生的行为，以逃避惩罚。

每个人都有这样一个心理刹车手，你有我有，反社会人格者也有。但是问题的关键在于，不同人的心理刹车手反应敏感程度不同。有些人的心理刹车手反应很灵敏，轻微的惩罚信号便会让他们终止行为，比如意识到踩踏草坪会被指责，便立刻掉头往回走。但有些人的心理刹车手反应非常迟钝，像反社会人格者，即使遭受天大的惩罚，如“杀人偿命”，也无所畏惧，依旧大摇大摆，我行我素。

在讲反社会人格障碍心理方面的成因之前，我要先向大家介绍一个词——“脱敏”，那何为“脱敏”呢？就是摆脱敏感，摆脱能让你情绪起伏的人或事，再说得直白一点儿，就是变得麻木。所用的方法，就是让你不停地面对这些刺激。

介绍完这个词之后，我要向大家再介绍一个人——班杜拉。

阿尔伯特·班杜拉是美国当代著名心理学家。班杜拉对心理学的最大贡献就是提出了社会学习理论。这里我们就需要简单说说他的社会学习理论中的部分内容：

还记得抑郁症部分我们提到的“认知—行为”疗法吗？它是两个学派——认知主义和行为主义观点融合的产物。原本这两个学派“井水不犯河水”，而班老头的观点就是在这两个学派之间架起了一座桥梁。看看他是怎么做的——“交互决定观”：

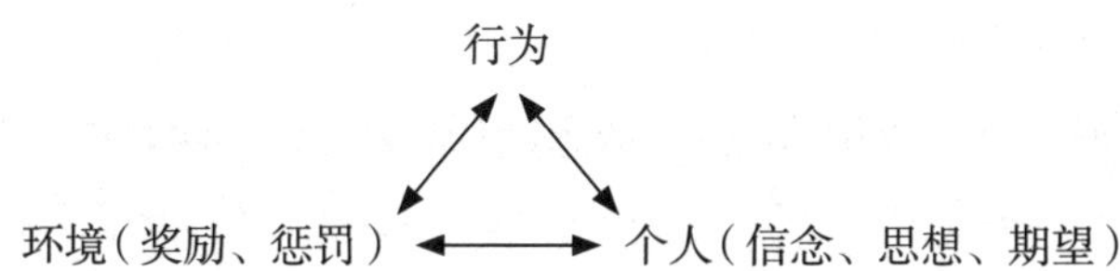

交互决定观认为，个人、环境和行为三者之间是相互影响，相互作用的。

假定有一个你不喜欢的人请你一起打网球。你能想象出和这个人待一个下午会有多沉闷无趣，因此你的个人期望可能会使你拒绝邀请。但是，如果这个人许诺，你和他一起打网球，他就给你买一副你心仪已久的、昂贵的新球拍，情况又会怎样？转眼间，环境诱因的强大力量又改变了你的决定，于是你说："好吧，我们一起玩吧。"现在继续往下想，假设你最后得到了有生以来最让你欣喜的一副球拍，你和这个人配合得还挺好的，他甚至还会开一些玩笑，使这个下午过得挺有趣的，你也许真的就期望下一次再和他一起去打网球。

在这个例子中，是行为改变了你的期望，这一期望又影响你以后的行为，如此反复。

除此之外，班老头还将学习分为"参与性学习"和"替代性学习"。所谓参与性学习，就是亲身参与，通过体验而进行的学习，实际上就是边做边学，在做中学。而替代性学习，则是通过观察别人而进行的学习，在学习过程中学习者本身没有参与的行为。

人类的大部分学习都是替代性学习，它通常是通过观察或聆听下列信息来源进行的：现实生活中的（亲眼所见或亲耳所闻），象征性的或者非人类的（广播中说话的卡通人物或动物），电子产品（电视、电脑等）或印刷品（图书或杂志）中的。

替代性学习大大提高了学习的速度，同时还可以避免人们去经历有负面影响的事件，比如我们可以通过听他人讲述、看书以及看电影来了解火灾、地震等事故和自然灾害的危险性，而不必亲身去体验那恐怖的过程。

一些研究认为，在反社会人格障碍患者身上观察到的"无所畏惧"，可能

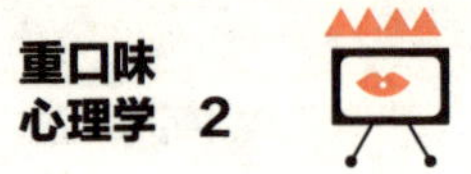

是系统脱敏和替代性学习的结果。如果一个人长期面对暴力或其他反社会行为（如儿童期的虐待或帮派活动），那么他（她）对这些行为就会变得麻木（脱敏）。作为虐待和暴力的受害者的同时，他们也“学习”到了（替代学习）虐待和暴力是掌握权力、控制他人、得到自己想要的东西的一种方式和途径。一些恶霸极有可能小时候是受虐者，由于感觉脱敏，原本被虐待的人变得对施虐没有负罪感，因此反社会行为才会在他们身上反复出现。

每个人都有罪，犯着不同的罪

至此，分析 1、分析 2、分析 3 全部结束，我想文章一开始提出的第三个问题——让大家“学会怎样对此类案件进行心理层面的分析”，已经解决。

下面，回到第一个问题：什么使他变成这样？

回顾这一路来的分析，我觉得我们已经能够得到很多答案：

L 的童年可能遭受过虐待或者忽视；

L 因为性取向的问题，在少年时受到过家人的排挤和周围人的暴力对待；

成年以后的 L 不得志，人际关系高度匮乏；

L 患有恋尸癖和反社会人格障碍。

…………

到这儿，很多人甚至包括我自己不禁要产生一个疑问：“这世上太多的人曾有过和 L 及 J 相似的遭遇，甚至更糟，但是为什么他们没有走向犯罪？”关于第一个问题，我想对答案做最后的补充——遗传因素。

我们讨论很多心理疾病原因的时候，都没有忘记对先天遗传因素的关注，那么这里针对犯罪原因也一样。

我们都知道正常男性的染色体是由 XY 构成，而正常女性的染色体则是由 XX 构成。研究者在对男性犯罪者的研究中发现，一些罪犯具有一个多余的 X 染色体，即 XXY。这类男性往往是瘦高个儿，乳房组织相对发达，面部缺乏绒毛，比具有 XY 染色体的男性更有可能是同性恋、异装癖和恋童癖。

还有一种男性染色体是 XYY，即具有一个多余的 Y 染色体。研究者发现，XYY 男性在国家监狱中的比例要高于一般人口比例，这样的男性往往容易实施暴力犯罪。

现在再来看 J 的案例，相信大家不会忽略一个细节：J 的母亲患有抑郁症。这不仅会对 J 的抚养造成影响，在基因遗传方面也存在一定的作用。虽然我们对 L 的家族中是否有精神病或者犯罪基因不得而知，但在这里也不能排除这种可能性。

世上没有巧合的事，只有巧合的假象。细数以上所有推论出的犯罪原因，它们就像组成“罪恶魔方”的零件，缺失了哪一块，或拼不到正确的位置，魔方都不能完成。每一块魔方的完成，都说明在罪恶形成的道路上，有太多人不作为，或者做了错误的事。

下面是美国 FBI 列出的十大杀人狂魔的行为特征，你可以数数自己直接或者间接符合了几项？

1. 他们大多是单身。

2. 绝大部分犯罪者都有高于常人的智商。

3. 无法维持稳定的工作。

4. 来自破碎或者不健康的家庭。

5. 有遗传性的精神疾病、暴力倾向、毒品、酗酒的问题。

6. 被虐待长大。

7. 对权威人士，特别是男性的权威人士有着某种心灵上的障碍。

8. 年幼时就显现出许多精神上的疾病，有些则是有明显的暴力倾向或犯罪倾向。

9. 抱着反社会、反人类、反全世界的理念生活着。

10. 对特定的暴力性行为或变态性幻想格外着迷，特别是恋物癖和窥阴癖。

至于文章开头的第二个问题：他为什么要这么做？

有一点你不用怀疑，J和L在犯罪过程中，不是能够得到心理的满足，就是能够减轻内心的痛苦，更多时候是两者兼得，又或者，不过是他们试图得到满足或者解脱的一种努力与尝试。而所有这些更像是他们对问题一答案的复仇：索回那些早年缺失的爱和遗失的渴望。

看一段J在法庭审讯时的录音：

法官："你就从来没有过正常的男朋友吗？这样的话，你就不用杀这些人了。"

J："人们总是会离开的，我永远不会找到可以一直陪伴我的人，所以，我认为把他们留在身边的唯一方法就是杀了他们，通过吃掉这些人，这些人就可以真正变成我的一部分。"

少年时曾遭到遗弃，所以J害怕孤独，成年后他便需要很多很多（尸体）的陪伴；早年经历坎坷，所以L渴望被关注，他把受害人的部分尸块装进邮包寄给在加拿大首都渥太华的两大政党总部。这样说来，无论是在电影《女魔头》《香水》里，还是现实中的"绿河杀手"身上，都能找到这种"悲情恶魔"的影子……

单从犯下的罪行来说，他们是十恶不赦的，可是，从某种层面上来说，施暴者本身却也是命运的殉道者。一句话，世上没有无缘无故的爱，也没有无缘无故的恨。

第六章

睡眠那些事

——睡眠障碍

HARDCORE
PSYCHOLOGY

心理学的三驾马车——精神分析、行为主义、人本主义，现在我们就来说说第三个——人本主义。对人本主义而言，什么最有名？就不得不提它的经典之作——

“马牌需要宝塔”

马斯洛马大叔是人本主义的创始人之一，心理学第三势力的领导人。下图便是“宝塔”真身：

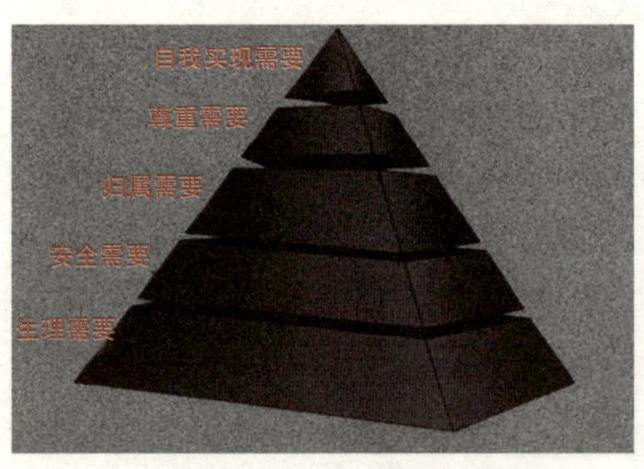

不得不说，马大叔的“宝塔”还是比较有艺术感的，他把人的需要划分成了五个等级：生理需要、安全需要、归属需要、尊重需要和自我实现需要。

每一层的“功能”都是不一样的，我们先从最下面的看起：

记得赵本山大叔的小品《红高粱模特队》里有一句话是：“吃穿都没了，你还臭美啥？”生理需要大概就是这么个意思。

生理需要是指人们对食物、水、空气、睡眠、性的需要等，它在人的所有需要中是最强有力的！当人落水后，在为得到空气而拼命挣扎时，就会体会到其他（如尊重和自我实现）的需要是多么不重要了。同时，它们也是最必要的，可以说少了哪个都不能活。

看到这里有人也许会提出疑问：离开性不能活吗？注意，这里的“性”不是指性生活、性快感之类的“狭义性”，它是指物种长期存在所需要的繁衍，恐怕这也是有些人反对同性恋的原因之一吧。

正因为生理需要如此重要，因此马大叔才将它作为整个“需要宝塔”的根基，大有皮之不存，毛将焉附的架势。

仅仅是吃饱睡好恐怕还不够，像《异形》和《虎胆龙威》这类电影，就很好地说明了这一点——没有安全保障怎么活？

安全需要是说人们需要稳定、安全、受到保护、有秩序、能免除恐惧和焦虑等。比如，人们需要一份比较安定的职业，有时会购买各种保险，甚至在长途旅行前检查一下装备，这些都体现了人们对安全的需要。如果你觉得自己没有安全感，那就是你的安全需要还没有被满足。

所谓有了饱暖又思“淫欲”，我们每个人的生活都不可能与世隔绝，当人们想要与其他人建立感情关系、联系，比如交交朋友、谈谈恋爱或者参加某个社团等，就是归属需要。有些人在家中“被闲置”了很久，考上学校或是进入公司以后，心中难免会长出一口气：咱也是有组织的人了！这就代表他们一度缺失的归属需要被满足了。

接着往下讲，我想起了一段话：

去爱吧，就像不曾受过伤一样；
跳舞吧，就像没有人会欣赏一样；
唱歌吧，就像没有人会聆听一样；
干活吧，就像是不需要金钱一样；
生活吧，就像今天是末日一样。

那么关键是，假如没有了报酬，人们还为什么而工作？

这里有一个故事：

在共产党领导下的东欧，每个人都有一份工作。虽然按照西方的标准来看，他们所得的报酬很低，但是至少绝大多数人的基本需要得到了满足。他们有钱购买食物和衣服，有房子住，经济、社会和个人安全都有一定保障。20 世纪 80 年代末 90 年代初，东欧剧变后，许多国营工厂不能再按时足额地支付工人报酬，甚至根本没有报酬。但奇怪的是，许多人继续有序地到工厂工作。在很长一段时间不能获得相应报酬的情况下，他们为什么还要继续工作呢？

对于这个问题，一位心理学家便运用了马斯洛的“需要层次理论”来解释这一现象：工作本身提供了获得他人尊重和自尊的机会。除了经济原因诱使人工作以外，还有一种原因也可以使人们乐于投入工作——工作能够为自我发展、需要满足和自我实现提供空间。有时候，至少在一段时间内，人们可以靠自尊的“精神食粮”而活。

这样一说，我们就能更好地理解“需要宝塔”里的最后两层了——尊重需要和自我实现需要。

尊重需要包括自尊和希望受到别人的尊重。这种需要被满足时，人们会觉得自己浑身充满活力，魅力四射，非常自信。相反，要是被“伤了自尊”，人们就会变得自卑和胆小，如丧家之犬般颓废。

自我实现就是要发展自己的潜能，使自己成为想要成为的那种人。在人生道路上，自我实现没有高低贵贱之分，只是形式不一样而已。家庭主妇和职业女性，一线工人和高层管理人员，都可以按照自己的人生轨迹不断提升自己，超越梦想！

但是马大叔也曾经“推心置腹”地说过一段话：追求自我实现的内部倾向不像动物的本能那样强大、有力且显而易见。它如此微小、脆弱、微妙，以至于很容易被习惯、文化压力和错误态度所压倒。

仔细揣摩这段话，就不难理解为什么很多选秀选手会对着镜头情绪激动地哭喊道：“命运就算颠沛流离，命运就算曲折离奇……别流泪、心酸……不管怎么样，我就要坚持自己的梦想，谢谢！”因为梦想一旦照进现实，就会发觉现实很残酷。

人们生活中的一举一动无不是在设法满足这些需要：吃饭，安装防盗门，参加家庭聚会，为考试取得好成绩而学习，等等。现在回望马大叔的“需要宝塔”，我们会发现它的很多“秘密”：

如同建造房子一样，需要宝塔的高层比低层出现得晚。比如，婴儿有生理需要和安全需要，但没见过哪个婴儿要“实现自我”的，这怪吓人的，高级需要总要等到长大成人以后才会出现。

宝塔层级越低，它的力量越强，潜力越大。随着层数增高，其力量也相应减弱。在上面的层级出现之前，必须先“盖好”下面的，例如，当一个人饥肠辘辘，或非常恐惧的时候，他是不会追求自我实现的。就像只有一套房子的人是不会考虑把它捐出去做慈善事业，去达到更高的精神追求的，除非他躁狂症发作。

虽然理论上宝塔需要“逐层”建造，但是马大叔并没有说在现实中它们是绝对的。一些情况下，当低层级的需要被部分满足后也可以产生“上层建筑”。在人类历史上，有些人能为了实现理想和信念不惜牺牲一切，甚至包括自己的

生命，他们便不考虑自己的生理需要和安全需要。比如“宝剑埋冤狱，忠魂绕白云”的胡宗宪、“长太息以掩涕兮，哀民生之多艰”的屈原等。一些苦行僧也是如此，为了达到灵魂的高度，肉身什么的干脆就不要了！

好了，“马牌需要宝塔”就为大家展示到这里。

那么，我为什么要在这里提到马斯洛需要层次理论呢？其实只为说明一点：睡眠是有多重要啊！它可是构成“需要宝塔”最底层的主要根基之一，也是维系人们生命的重要保障！

人的一生中有三分之一的时间都在睡觉，一年大概要睡 4 个月，这样来说，如果你今年 30 岁的话，其实相当于只“活”了 20 年。

那么，我们这三分之一的时光里都发生了什么？入睡后漫长的一夜大家都经历了什么呢？这就是我下面要说的——

奔跑着的睡眠小男孩儿

我们可以把自己的睡眠看作一个奔跑着的睡眠小男孩儿。每个人都有一个睡眠小男孩儿，当我们入睡的时候，也是暂时退出这个世界的时候，剩下的事就交由他来完成。为了更好地了解我们的睡眠，我在这里请出这位 sleep boy，由他来说一说他的“工作”情况。

Sleep boy：

大家好，我是 sleep boy。在你尚未睡着的时候，我也是待在原地不动的。这时由于你的大脑处于清醒和警觉的状态，所以脑电波显示的是大量的 β 波（贝塔波），这种波频率较高，波幅较小。

睡眠第一阶段：

过一会儿，你睡着了，身体放松，呼吸变慢，我开始奔跑起来。由于你才刚刚入睡，还处于浅睡状态，这会儿外部有一点儿刺激都能将你惊醒。你的脑电波中已不再全是 β 波，开始被 α 波（阿尔法波）逐渐取代，α 波要比 β 波的频率低，波幅也大。在第一阶段的睡眠里，我大概要奔跑 10 分钟。

睡眠第二阶段：

10 分钟过后，你越睡越深沉了，这会儿比第一阶段更难被叫醒。脑电波也变得更缓慢，只是偶尔会突然“抽风”一样，短暂地爆发一些频率高、波幅大的波，而这些波就是所谓的“睡眠锭”！在这一阶段，我大概要跑 20 分钟。

睡眠第三阶段：

从开始到现在我已经跑了半个小时了，你睡得更死了，肌肉也变得更放松，脑电波中的 α 波会逐渐被 δ 波（德尔塔波）代替，它的频率更低，波幅更大。在这个阶段，我大概要跑 40 分钟。

睡眠第四阶段：

终于，深度睡眠到来了！现在，你的脑电波中绝大多数都是 δ 波，肌肉进一步放松，身体功能的各项指标也变慢。有趣的是，有些人会在这会儿弄出点儿“意外”，比如梦游、说梦话和尿床。

跑完上面四个阶段，我大概需要花费一个小时到一个半小时。然后，有的人会翻身，还会很容易惊醒。但是我不打算停留，一路继续向前狂奔，因为一个全新的阶段马上就要到来——

快速眼动阶段：

如果此时有人站在你身旁，他（她）一定会看到一个非常诡异的景象：在你紧闭的眼皮下面，眼球在快速地做上下左右滚动！连你自己也被吓到了吧？这个阶段也因此得名。

在这个奇特的阶段，虽然你还处于睡眠状态，但脑电波活动却跟清醒时一样，栩栩如生的梦境会纷至沓来。如果你在这时醒来，就能清楚地记得梦的内容。

我会在快速眼动阶段跑 10 分钟左右。至此，我才算跑完一圈——四个阶段 + 快速眼动阶段，又跑回了原点。但是我仍然不停下来，会接着开始下一轮的奔跑……在漫长的一夜中，我一遍一遍重复着上面的“非常 4+1”，直至天明！我的工作就介绍到这里啦。

对患有睡眠障碍的人来说，他们的睡眠小男孩儿跑得就不是很顺利。下面我就来说说这些小男孩儿在奔跑过程中遭遇的各种状况：

“发令枪故障”——失眠

晶晶姑娘是一个 23 岁的法律系学生，她表示自己从来没有睡好过，经常在夜晚入睡困难，或者在早晨过早醒来。在过去的几年中，她每个星期都有几天晚上是靠吃感冒药来帮助入睡的。不幸的是，自从她去年进入法律系，她的失眠问题就更加严重了。她会躺在床上一直醒着，想学校的事情直到凌晨，一晚上只能睡三四个小时。早晨起床对她来说也非常困难，因此她上午的课经常迟到。晶晶姑娘的睡眠问题影响了她的正常生活，让她变得越发抑郁……

如果睡眠发令枪发生故障，睡眠小男孩儿没法启动，就会出现晶晶姑娘的问题——失眠。失眠应该算是最常见的睡眠障碍了，我们每个人几乎都遇到过。但是长期的失眠却不容小觑，它会引发人们身体和精神的很多问题。并且，社会已经为失眠后引起的打瞌睡付出了惨痛的代价！比如死亡事故、家庭破碎、经济损失等。包括现代历史上的一些严重灾难也是由此造成的。

失眠本身是指缺乏睡眠，而不是丧失睡眠，因为完全不睡是不可能的。当一个人持续 40 个小时不睡觉的时候，身体就会出现几秒钟或者更长时间的“微睡眠”。那么这世上有让人完全不睡觉的病吗？答案是肯定的——致死性家族性失眠症。

这种疾病因其死亡的最终结局和家族遗传式的特点而得名。它真的非常罕见，自 1986 年在意大利发现第一例以来，迄今为止世界上报道过的只有 27 个家族，共 82 例患者。而在我国，有记录的只有两个人。

来看下面的案例：

一名年近五旬的男子已经有半年多不能正常睡眠了。在此之前，他的家族三代人中，已有 10 人在 20～50 岁间因为患上这种不知名的怪病相继死去。河南省人民医院神经内科随后将他确诊为罕见的致死性家族性失眠症，此患者为我国的第二例。

他一开始的表现为失眠，有时能浅浅地入睡。但在睡眠中全身会下意识地出现痉挛性的抖动，双臂在空中挥舞，像是抓住了什么东西，然后使劲塞进嘴中。可当他醒后问是怎么回事，他自己却一点儿也不知道。

经过夜间如此的“重体力劳动”，白天的他无精打采，有些嗜睡，却又睡不着，双手不停地在身上抓挠，腿上、背上都留下了深深的抓痕。随着时间的推移，他的病情逐渐加重，睡眠完全丧失，出现了低烧和轻微精神分裂的症状……

非常遗憾的是，这种病目前无药可救。

那么睡眠的“发令枪”为什么会出故障呢？

除去心理压力、环境、药物等原因不说，有研究认为，一些人之所以失眠，是因为他们的体温控制有问题。我们都知道人在入睡后会感到冷一些，那是体温下降的缘故。但是有些人在入睡前，并没有降低体温的打算，一直“燃烧”到半夜才感到疲惫。就是这黑夜里的一把火，把“发令枪”烧坏了。

失眠的另一个让人痛苦之处是，它是个恶性循环的无底洞。一个人躺在床上无法入睡的时间越长，他就越苦恼越烦躁，越苦恼越烦躁，他就越难以入睡。如果昨天晚上入睡不成功，今天晚上的入睡压力就会变大，如果今晚的入睡压力变大，就更无法成功入睡。每天简直是抱着上前线送死的心情上床，久而久之，失眠和入睡的环境（床和卧室）之间就会形成条件反射：只要一看见卧室就不睡觉，一躺在床上整个人就格外清醒。这也是为什么一些失眠症患者在旅馆等陌生的环境下睡得更好。相反，没有失眠症的人在陌生的环境里却因为“认床”而睡不好。

但是，“人生岂能输在起跑线上”？

修理“发令枪”的办法，“刺激—控制”疗法来喽！它的出现就是为了消灭失眠与入睡环境之间形成的万恶的条件反射，总共包括下面几点指示：

1. 该出手时才出手——有睡意时才上床睡觉！

2. 记住，床上只能做两件事——不要躺在床上看书、看电视、吃东西或工作，卧室和床只用于睡觉和做爱！

3. 清醒时，卧室不宜久留——如果 15～20 分钟后仍无法入睡，应该赶紧离开卧室，等有睡意再返回。

4. 闹钟是用来做什么的——每天早上在同一时间起床。

5. 小憩通常都酿成了“滔天大睡”——白天不要睡觉！

6. 差不多睡一睡就行了，要多少是多呢——改变自己对睡眠的一些过分“完美”的期望（“我需要完整的 8 小时”），和对睡眠后果夸张的估计（“如果我只睡了 5 个小时，就无法正常思考和工作”）。

美剧《一千种死法》里讲过一个跟睡眠障碍有关的死法：一个金属工厂的工人，经常在工作时不知不觉就睡着了。一天，当他把一把椅子推进烤漆炉后，接着坐在椅子上进入了梦乡。但是，他的同事并不知道他在炉子里，就顺手把烤炉门关上了，开始烤椅子……结果可想而知，这名工人像烤红薯一样被烤得外焦里嫩。

而关于这名不幸的工人“不知不觉就睡着”的事，便是我接下来要说的——

“错误的时间，错误的地点”——突发性睡眠症

“渐冻人”是比“植物人”更残忍可怕的状态。它是由于人的运动神经细胞发生病变，无法刺激能使我们运动、说话、吞咽和呼吸的肌肉而引起的。其结果是，人的肌肉逐渐萎缩退化，变得浑身无力乃至瘫痪。最终的结果是，患者因为肺部肌肉萎缩，无法扩张，进而导致呼吸衰竭，是活活憋死的啊！

而突发性睡眠症中经常发生的“猝倒”，便和渐冻人肌肉萎缩的情况有些类似。只不过这里我们称它为“突冻人”更合适些，因为猝倒没有经过一个缓慢演变的过程，而是突然一下子肌肉放松到无法支撑站立的程度，人们“轰然倒下”，陷入昏睡。

除此之外，猝倒的病情并不像渐冻症一样是不可逆的。它通常只持续几秒钟或几分钟，然后就从瘫软中醒来，恢复正常，跟没事人似的。而且猝倒一般发生在人们经历了强烈的情绪之后，比如大喜大悲。设想一下，你正为最喜欢的球队玩命喝彩，眼看就要进球的时候，突然一下子昏倒在地，不省人事了；或者，当你与人发生冲突，正吵得面红耳赤，突然“断片”，趴在地上就睡着了。这是多么令人沮丧和不给力啊！

可是猝倒是怎么发生的呢？

还记得睡眠小男孩儿跑过的“非常 4+1”吗？猝倒就是快速眼动阶段突然出现的结果。突发性睡眠症患者没有经历睡眠的前四个阶段，直接到了快速眼动阶段。而快速眼动睡眠时，就会阻止大脑对肌肉的信号输入。肌肉没了信号，就跟电器被拔了电源一样，还有什么好说的，那就躺那儿吧。

民间有种说法，人的魂魄分为三魂七魄，睡梦中的人只留有心魄在体内，

魂会出外游离，如果定力不够，就会遭遇“鬼压床”：

时值午夜，四周一片漆黑，万籁俱寂。平时睡得很好的小陈，今晚却突然感到胸口堵得慌，一下子惊醒了。迷迷糊糊中他听到屋里有噼啪的声响，随之泛起一片亮光，朦胧地看到枕头旁边站着一个人影，忽而又消失无踪，心中不由得一惊。他心里感到慌张，想一跃而起弄个明白，可是浑身酥软，动弹不得，想喊也喊不出来，唯一能做的只有眼珠子左右转动。这时小陈只觉得似有千斤重物压在胸部，而且一直延伸到脚上。与此同时，他的呼吸变得更加急促，喘不过气来，脸憋得通红。由于恐惧，小陈内心深处喊道：“完了，完了……”结果也没完，就这样不知不觉挣扎到了天亮。

这个“鬼压床”，其实就是突发性睡眠症的另一个特点——“睡眠性瘫痪”，它的表现就是在睡眠苏醒后短时间内无法移动和说话。这是一个可怕的场面，尤其对第一次经历睡眠瘫痪的人来说，会感到炼狱般的焦虑和死亡的恐惧，事后会感到“劫后余生”。

除了“猝倒”和“睡眠性瘫痪”，突发性睡眠症的第三个特点就是——“入睡前幻觉”。

这是一种极其逼真、令人毛骨悚然的体验，它在睡眠开始时出现，真实得令人难以置信，因为它不仅包括视觉幻觉（看见彩色的圆圈，物体的一部分，而且还在不断地改变大小），还包括触觉幻觉（被困在火中，被烧伤）、听觉幻觉（听到旁人恶毒的咒骂声），甚至身体移动的感觉（有患者会说：“我从床上飘浮了起来，看见自己躺在下面。”）。

这些幻觉如此生动真实，以至于患者醒后会信以为真。因此入睡前幻觉可以对一种异常现象做出解释——遭遇外星人。

每年都有很多人声称自己看到了外星人，或者不明生物。大部分 UFO 事件的报告都发生在夜间，而且 60% 的外星人事件都在睡眠时段发生。特别是那些关于外星人的描述，与睡眠幻觉中常见的描述非常相似，下面是一段记录：

> 我正躺在床上，面对一堵墙，突然心跳开始加速。我能感觉到有三个生物体站在我旁边。我无法移动身体，但可以移动眼睛。其中一个男性生物体正在嘲笑我，不是通过语言而是通过意念。他令我感到难堪。他通过心灵感应对我说："难道现在你还不知道吗，除非我们允许，否则你根本不能做任何事！"

那些UFO的目击者关于外星人的真实、可怕的故事可能并不都是虚拟的想象或者欺骗，有一部分人可能是受到睡眠障碍的干扰。有时候，尽管有的人并没有突发性睡眠障碍，但是也会偶尔出现"入睡前幻觉"的情况，这也可以解释为什么不是每一个UFO目击者都患有突发性睡眠障碍。

暗夜里的"行尸走肉"——梦游症

当睡眠小男孩儿跑到睡眠第四阶段，人们进入深度睡眠的时候，有些人好像不甘心就这样"虚度"生命中这三分之一的时间，并且也抱着"再不起来就晚了"的心态——因为接下来的快速眼动阶段将阻断大脑对肌肉的信号。虽然还在睡着，但是他们竟晃晃悠悠地从床上挣扎着爬了起来——

寂静的深夜里，一群没有触觉、没有痛觉、没有羞耻感和怜悯心的人在四处游荡。他们做出种种匪夷所思、疯狂而虚幻的举动：有人边睡边吃；有人殴打配偶；有人与遇到的每个男人做爱；有人在地板上爬来爬去；有人蹲在厨房的微波炉上脱裤子；有人像是在逛商场；有人站在衣柜边，裤子脱了一半，往里面的衣服上撒尿；有人用刀子割伤自己；有人把手放到沸水里……他们是暗夜里"另类的生灵"——梦游者！

梦游症并不少见，多数梦游者在梦游时的所作所为都是简单、单调和安全的，但也有少部分梦游者的行为是非常复杂、危险的，会造成严重后果。来看下面这个案例：

1987年5月23日，加拿大多伦多一位名叫肯尼斯·帕克斯（Kenneth Parks）

（以下简称为 K）的 23 岁男青年在看电视的时候睡着了。没多久，他突然起身，穿鞋，一丝不苟地系好鞋带，来到车库，开车上路。他像幽灵一样静静地穿街过巷，经过 23 千米的路程后，到达岳母家。之后，他从后备厢里取出修车扳手，闯进岳母家，把岳母从床上拽起来往死里抽，致其当场毙命，同时自己的手也受了伤。他的岳父上前制止，却被他紧紧勒住脖子，险些窒息。行凶后 K 驾车回家，倒在床上就睡。第二天，K 醒过来，却对整个过程完全没有记忆，他迷迷糊糊地看着自己血迹斑斑的手喃喃自语："我恐怕是杀人了，看我的手。"

对于 K 的表现和辩词，相关机构和专家给予了他理论上的支持，认为他是典型的梦游症患者，因为 K 对整个作案过程完全没有记忆，只有依稀的感觉。而且，他是回到床上才醒过来的。

普通梦游者的行为一般分为三个步骤：下床，做事，回床接着睡觉。跟他们比起来，K 的梦游就明显复杂得多了。从他家到他岳母家有 23 千米，这段距离并不短，其间还要穿越许多大街小巷和红绿灯。人们很奇怪他是怎样做到在沉睡的状态下应付这一切的，不仅目标明确，还完成了复杂的汽车换挡、判断交通灯等活动。其实除了 K 以外，在人类梦游历史上，还有过梦游者骑马、开车，甚至尝试驾驶直升机的例子。

那么，怎样对这些行为做出解释呢？

我们再来看一下睡眠的"非常 4+1"，其中第四阶段是最深的睡眠状态，大脑会停止接收外界信号。不过，此时梦游者大脑的深层部分会醒过来，而负责高级思维和自我意识的大脑表层部分却仍处于睡眠状态。这种大脑"半睡半醒"的分离状态，会使他们下床活动，却仍处于睡眠状态。而且第二天醒来时，他们什么都不记得。

最终，法庭根据 K 曾有梦游史，并不存在明显的杀人动机，判他无罪。这个判决一时间掀起了轩然大波，因为有很多人认为 K 是借梦游来掩盖谋杀的真相。但是，K 被判无罪并不是先例，早在 1846 年，美国波士顿的一名妓女被其情人杀害，她所在的妓院也被焚毁；1981 年，美国亚利桑那州一个男人，刺了妻子 26 刀，导致妻子当场死亡。他们均以梦游为由被无罪释放。由于法律上没有关于梦游杀人的详细规定，如果没有人证的话，将无法判定行凶者是否有罪。

许多人都认为，梦游者梦见什么，就会做什么。实际上，梦游是与梦境无关的。睡眠“非常 4+1”说得很清楚，梦是发生在快速眼动阶段的，而梦游发生在睡眠的第四深度睡眠阶段。

梦境里发生危险的时候，大多数人都会惊醒过来。因为人体有一套保护机制，能避免人们依照梦境行事。因此，大多数人在做梦的时候，无论梦境有多么危险，都绝少有肢体上的冲突。当然也有一些情况例外，当那套保护机制没有完全发挥作用时，只要一做梦，身体就会随着梦境活动。比如，某个人梦到自己在打橄榄球，正跑去接球——这个人极有可能会从床上一跃，然后摔到地上。有的人则会梦到自己遭到攻击，于是开始还击，结果他拼命拳打脚踢的人是睡在身边的伴侣。

那么人在梦游的时候，身体内的这套保护机制还会不会产生作用呢？这个就很难说了。

英国伦敦一位叫朱丽叶的妇女，总是在睡眠中伤害自己。她每隔一天就会梦游，半夜从床上起来，穿过窗户爬上屋顶。每次醒来时，她手上都是血，原来是她在砸窗户的玻璃时割伤了自己。

2005 年 6 月 25 日清晨，有民众语气慌张地向伦敦南部郊区某镇的警局打电话，称他在附近一处建筑工地上，看到一名女孩儿蜷缩在几十米高的塔吊上一动不动，怀疑她要自杀。警方和消防队立即行动，赶到现场。当一名消防队员小心翼翼地爬到女孩儿身边时，却发现她睡得正香。最终警方用液压升降机把女孩儿接了下来，并安全送回了家。那时警方才知道，这名女孩儿患有梦游症，当天，她睡着后梦游，不知不觉溜出家门来到了建筑工地，又一步一步爬上塔吊，走过一段狭窄的吊臂后在中间睡着了。她表示自己什么都不知道，但知道一切后倒吸了一口冷气。要知道，在 40 米高的地方，走错一步摔下来就会粉身碎骨。

1993 年，美国艾奥瓦州一名 21 岁的大学生，在 -1℃的气温下，只穿一条拳击短裤跑到高速公路上，随后被一辆拖车轧死。警方认为他是自杀的，但他的母亲知道他是在梦游。

既然梦游存在这么大的“隐患”，那么我们该怎么治疗梦游症呢？这还得从它的病因说起。

以前我提到过弗大爷的“三个我”：本我、自我、超我，这里我们需要做一下简单的重温。

首先，给大家讲讲我的“三个我”，以及关于梦游的成因！

第一个我——本我，本能的“我”：

“本我”是人类心理最原始的部分，人一出生便具有本我，可谓与生俱来、天赋异禀、天生丽质……差不多就是这个意思，它是所有行动、冲动、悸动……各种“动”的源泉。如果把人的心理比作管道，本我就是那个想把心理管道中所有阀门都打开，把所有压力都通通释放出来，不让人有一丁点儿难受的“管道工”。这样来说，本我更像一个被宠坏的孩子：自私、冲动、追求享乐、贪图安逸……它遵循“快乐原则”，即怎么快乐怎么来，想要的东西不能等，不想要的东西不能看！

在婴儿期，本我在人的心理处于掌控的位置。最常见的，当婴儿对某个玩具“一见钟情”时，他就伸手去拿，拿不到就“撒泼”，大哭大闹。有时他们的需要明显是不合理的，因为本我遵循快乐原则，所以它不讲道理，不遵循逻辑，没有价值观和道德感，想怎么样就怎么样。

第二个我——自我，本我的管教者：

要是都由着“本我”的性子来，那还不反了天了，所以“自我”老师出现了！自我遵循“现实原则”，它知道本我的任性与现实格格不入，再这么随意下去将会惹不少麻烦，因此它限制本我进入现实。如果还用管道来比喻的话，自我就是能改变管道方向的“管道工”。

举两个简单的例子：一个儿童不能偷货架上的棒棒糖；无论妹妹把哥哥惹得多么生气，哥哥都不能打妹妹。

虽然偷东西和打妹妹可能会缓解儿童心理的压力，让他们觉得很爽，能很好地释放自我，但是这种做法与父母的要求和社会的规定相冲突。自我知道这样做会产生问题，因此，它避免、改变、延迟了本我去直接释放它的冲动。

第三个我——超我，“我”的心理判官：

“自我”已经“懂事”多了，但是“超我”比它的境界还要高，因为超我教育“我”要懂得社会的价值、道德和观念……上升到了“三观”的高度。而这些内容通常是通过社会中的各种媒介，比如父母、学校和宗教组织等灌输给人们的。再拿管道比喻的话，超我则是另一种类型的管道工，它恨不得心理管道中所有的阀门在任何时候都是关闭的，甚至希望再多装点儿阀门，来控制那些蠢蠢欲动的想法。

当我们做了“错误”的事情，超我使我们感受到罪恶感、羞耻和尴尬；当我们做了“正确”的事情，它使我们感受到骄傲和自豪。超我判定孰对孰错，就是一些人所说的“良心”！

而对于梦游的原因，弗大爷是这样认为的：

梦游是一种潜意识压抑的情绪在适当时机发作的表现。

当本我力量积聚到一定程度时，它要横摆脱了自我的管教。而面对来势汹汹的本我的“熊脾气”，一向对其看管严格的自我只能暂时放它自由，任它胡闹。当本我折腾得差不多，能量也消耗了不少的时候，自我便重整威严，把本我又训斥回了原来的位置。对下是控制住了局面，对上，为了逃避超我的责备和惩罚，自我选择将一切打压进潜意识中，隐瞒不报。结果梦游者醒来以后对刚才发生的事一无所知，因为本我完全藏在潜意识之中，而超我又多数存于意识之中，只有自我才能游走于潜意识与意识两界之间……好一个狡猾的自我啊！

好了，关于梦游我就说到这里。

通过弗大爷的分析，我们已经知道梦游可以算是一种愿望的补偿。如果患者感觉能用梦游来“补偿”现实生活中的愿望，他就会一直这样进行下去，“游”个不停。因此治疗梦游的方法，就是让患者知道用梦游来实现愿望是行不通的——

厌恶疗法：

这个经典的心理治疗方法已不是第一次提到了，今天我再来说一说。

先看一个梦游的病例：有个人梦游时常把一支装有弹药的猎枪对准妻子，这种危险的举动搅得他生活不得安宁。

而厌恶疗法的原理就是我们经常提到的“经典条件反射”，它的治疗总共分三步。

第一步：“擒贼先擒王”——确定治疗目标。

厌恶疗法具有极强的针对性，所以首先你必须明确需要弃除的行为是什么。有时候，患者身上可能有不止一种“恶习”，但是擒贼先擒王，你只能选择其中最主要的一个或是最迫切需要的一个来下手。而在梦游的治疗中，我们的目标很明确，就是让患者不再梦游了。

第二步：“下猛药”——选好厌恶的刺激。

厌恶疗法的刺激必须是强烈的！因为那些不良的行为往往可以给患者带来某种满足和快感。如窥阴后的快感、饮酒后的惬意、吸毒后的飘飘欲仙，还有梦游，愿望都被满足了好开心啊。这些满足和快感能“勾引”患者不断重复不良行为，所以厌恶疗法的刺激必须远远强过那些“诱惑”的力量，才有可能取而代之。

通常这些“猛药”包括：电刺激、药物刺激和想象刺激等。

这里来说一下“想象刺激”。要说这个想象刺激，是最另类但也最安全无害的。举个例子，一个想戒掉苹果馅饼的人来接受厌恶疗法治疗，他得到的指令是：

> 想象你已经吃完了主食，又坐下来打算吃苹果馅饼。当你的叉子插入馅饼时，你会感觉到胃里有些奇怪的感觉。啊，那是恶心。胃里的食物渣渣渐渐冒出来了，到了咽部，要呕吐啦。当你把苹果馅饼放入嘴里的时候，食物渣渣也涌到嘴里。你必须紧紧闭嘴，不然食物渣渣就会喷一地。你坚持要吃苹果馅饼，嘴一张开，呃啊，全部呕吐物都喷在你的馅饼上、叉子上、地板上，甚至喷到了坐在对面的客人的餐盘里，气味难闻极了。眼泪、鼻涕、唾液糊满了你的眼睛、鼻腔和嘴。呃啊……呃啊……看着那些被呕吐物污染的苹果馅饼，你禁不住又呕吐起来，无论如何也停不住。你把馅饼推开，便感觉好多了。你把馅饼扔进垃圾桶，起身离开餐桌，一切便恢复如常。你清洗了餐桌，洗净了脸和手，你在想，不吃苹果馅饼，感觉太好了！

在上面梦游的例子里，我们的“猛药”是：一个能发出刺耳声音的警笛。

第三步：“该出手时就出手”——把握时机施加厌恶刺激。

要想尽快形成条件反射，必须将“猛药”跟不良的行为紧密结合起来，同步进行！因为早一步，便不会形成联系；晚一步，那岂不是又变成惩罚了？

在上面对梦游治疗的案例中，让妻子睡床的外侧，丈夫睡内侧，这样当丈夫起床梦游时便会把妻子闹醒。妻子便立刻拿来一个警笛，对着丈夫的耳朵歇斯底里地吹。警笛撕心裂肺的尖锐声音很快将丈夫惊醒了。

这样持续一段时间后，丈夫再也不敢梦游了。所以厌恶疗法的关键就是：设法唤醒正在梦游的患者，及时中断患者的梦游行为！

说到这里，可以纠正人们对梦游的一个认识误区：不能叫醒正在梦游的人，搞不好他们会“诈尸”，会猝死，会傻呆，或者变得“六亲不认”。而现实情况是，梦游中被叫醒的人和睡眠中被闹钟叫醒的人没什么两样，他们只是不知身处何处，也不记得发生了什么而已。

夜半惊魂记——梦魇

老话有云，半夜黄皮子叫魂，小孩子哭。难道夜半小孩子惊醒哭闹真的是黄皮子搞的鬼？接着往下看——

梦魇是个蛮有诗意的词，如果形容被谁伤了心，就可以说“你是我的梦魇”！说白了其实就是噩梦，但又不仅仅是噩梦，梦魇是能够惊醒做梦者的噩梦！由于梦魇发生在快速眼动阶段，所以做梦者醒来后能对噩梦的内容记忆犹新，且描述得惟妙惟肖。

梦魇多发生在小孩子身上，就像电影《怪物公司》里的怪物一样。在它们的世界里，动力能源就是小孩子受到惊吓时发出的尖叫声，于是欺负起小孩子来乐此不疲，却“欺软怕硬”，不敢骚扰成年人。倘若某个成年人也被梦魇缠住，多半是因为他（她）最近遭遇了一些不幸的事情，比如抢劫、强暴等，造成巨大的心理创伤，“阳气”变弱所致。有时候睡眠姿势不对也会招来梦魇（把手放在心脏上入睡试试）。

但是有些人在做过噩梦之后，他梦中的内容却在现实生活中真实发生了！

比如，一个男子梦见他的父亲在一所着火的房子里被烧死，没过多久，他本人就死于发烧引起的肺炎。

那么，做梦者真的能通过梦预示自己的未来吗？

看过弗大爷的潜意识冰山我们都知道，潜意识的力量是巨大无比的，影响着整个人的“运营”，却是我们平时觉察不到的。而梦其实就是潜意识的“信使”，不能让兄弟俩“老死不相往来”，它把潜意识想表达的东西传递给意识，这样人们才能通过梦来了解潜意识的内容。

可是潜意识还是非常牛气的：我不想那么直白，要弄懂我你就得费点儿功夫。因此梦不是潜意识直接的表达，而是经过伪装和修饰的，所以释梦的过程就好比潜意识的翻译过程。

但是潜意识为什么需要梦来做信使，自己不跟意识说呢？那是因为潜意识想表达的东西多半是“本我”的内容，它主要是一些人的性本能和攻击本能，这些东西不被社会伦理道德所接受，如果直接跟意识说，恐怕难以被接受，也显得太放肆了。可是潜意识的想法总被这么压抑着，简直就要憋坏了。于是，在人们睡觉时，趁意识的警惕有所放松，那些冲动和愿望就会改头换面，以梦的形式表达出来。

简单地说，梦就是愿望的补偿。对于这个，荣老头的经历可以为我们做证。

荣格：

很久以前，我一直做着这样一个梦。

在梦里，我会发现我的房子里有一处我所不知道的地方。在这个地方，我的父亲有一间实验室，他在那里做着各种鱼类的解剖实验，而我母亲则在这个地方开了一家旅店，接待一些神秘莫测的幽灵般的旅客。在梦的最后，最神奇的是，我还在这个地方发现了一个古老的图书馆，馆里收藏的书我一本也没见过。我打开了其中一本，发现书中有着大量的、奇妙无比的图画。

当我醒来时，我的心因为狂喜而激烈地跳动着。

在做这些梦之前，我曾向一位古董书商购买了一本关于中世纪炼金术士的书。我需要这本书来证实一些我关于炼金术和心理学之间联系的研究。在我梦到却没见到这本书几星期之后，书商给我寄来了这本书。我打开书，发现里面画有美妙动人的图画，而这些图画正和我在梦中见到的图画非常相似！

此刻我终于明白那个梦反复出现的原因了：不用说，我的房子象征着我的意识和我所感兴趣的研究领域；而房子中新发现的地方，比如老爸在里面做着各种实验，老妈又接待着神秘的客人，还有一个古老的图书馆，则代表着我潜意识中感兴趣并渴望研究的新领域，只是当时我的意识对此还一无所知。

从我收到这本书起，30 年来，我再也没做过这样的梦，说明我实际生活中的愿望被满足了，这个梦也就没有再出现的必要了。

梦可以补偿我们的愿望，还可以借此使我们的心理达到平衡。这就可以解释为何在清醒时有着不切实际的想法，自视甚高，制订与他们实际能力相差甚远的庞大计划的人，会经常梦到自己从高处坠落；而有自卑心理的人则常会梦到自己在高空飞翔。关于梦的电影神作《穆赫兰道》就很好地诠释了梦的这个功能。

只是，梦在满足愿望和补偿不足时，同时也在提前警告一些人：他们身上存在着有缺陷的人格，任其发展下去将会真的面临危险。如果警告一直被忽视，那么真正的事故便会发生，受害者会跌下楼梯，或者遭遇交通事故……

来看一个男人的例子：

这个男人最近诸事不顺：家庭破裂，事业失败，朋友反目，可以说进入了人生的最低谷，状态十分糟糕。作为一种补偿，他发展了一种几乎是病态的癖好，攀登陡峭险峻的山峰，来追求“咸鱼翻生，超越自我”的境界。一天夜晚，他梦见自己从一座高山的顶峰踩空而跌入虚无的空间。当他把这个梦告诉他的心理医生的时候，医生根据他的情况，立刻察觉到了他所面临的危险，竭尽全力劝说他注意梦向他发出的警告，不要再去登山。心理医生甚至直白地告诉他，他的梦预示着他将死于一次登山事故，但是他对心理医生的劝告置若罔闻。

6 个月之后，他真的在一次登山中踩空，“跌入虚无的空间”。一位登山向导描述了当时的情况：“我看到他和他的一位朋友抓着绳子到了一个险处。他的朋友在崖壁的突起处找到了一个暂时的立足点，而他则继续向下探寻。突然间，他松开了手中的绳子，仿佛是跳进太空中一样。他的身体落在了朋友身上，他们一同跌进深渊，双双毙命。”

再来看一个女人的例子：

这个女人过着奢侈豪华的生活，非常富有，趾高气扬，神气活现。可是，她却总做着令人不安的噩梦：独自一人在森林中散步，遇到很多人，并与他们疯狂地做爱。当她的心理医生向她揭示这些梦的启示和她可能发生的危险时，她勃然大怒，拒绝听取任何意见。在此之后，她做的梦比先前更加恐怖骇人，甚至梦到自己被强暴分尸……但是她仍对心理医生的警告充耳不闻。没过多久，她真的在森林中遭到了一个性变态的残暴袭击，身受重伤。要不是一些人听到她的尖叫跑去救援，说不定她早就没命了。

这两例“梦想成真”的例子并没有什么神奇和难以理解的地方。那个女人的梦告诉我们，她潜意识里对这种形式的冒险其实怀有一种隐秘的渴望；而那个酷爱登山的男人，他潜意识里则希望用冒险来摆脱他目前的困境。只是，“人之所以痛苦，在于追求了错误的事”，他们两个谁也没有料到，他们为了错误的追求，将付出如此高昂的代价：女人的身上被摘除了几个器官，而男人则丢了自己的性命。

由此可见，在某些事真正发生之前，梦有时很早就会预先显现。这并不一定是奇迹，在我们生活中，为数众多的灾难皆有着漫长的潜意识预警。我们一步一步地向它们走去，对即将发生的灾难一无所知。就像人类闻不到的气味会被动物察觉，意识不能感知的东西常常会被敏感的潜意识捕捉到，潜意识则通过梦的方式来向人们发出警报。

如同黎明将至，奔跑的睡眠小男孩儿将要停住脚步，这篇文章也到了尾声。我想起《明朝那些事儿》的结束语：成功只有一个——按照自己的方式，去度过人生。那在这里我想说的是：成功的睡眠只有一个——按照自己的意愿，去睡好每一觉。

第七章

“同志”style

——同性恋

HARDCORE
PSYCHOLOGY

最近我看了一部电影《米尔克》(*MILK*)，然后翻出旅行时拍的一张照片，一对比才发现，原来照片中的地方就是电影的拍摄地。该电影是纪录片，那么也是真实事件的发生地了！我表示很兴奋，于是给大家献上我的这张“杰作”。

这部电影讲的是什么呢？它是对美国同性恋政治家哈维·米尔克（Harvey Milk）传奇一生的写照。Milk 曾被美国《时代》杂志选入 20 世纪最具影响 100 人，他为了争取同性恋者的合法权益而从政，最终被保守派刺杀身亡。在 2009 年的奥斯卡颁奖典礼上，Milk 获得了最佳男主角和最佳原创剧本两项荣誉。我的照片就拍摄于美国旧金山著名的同性恋区——CASTRO（卡斯特罗区）。

去 CASTRO 之前，我跟同性恋者基本是零接触，因为身边的“同志”们潜伏得实在太深了。在 CASTRO 停留了几日后，我才跟同性恋者有了短暂而肤浅的交道，因为很多商场和专卖店的服务员都是同性恋者：他们热情可爱，穿着艳丽，举止张扬，有种“雌雄同体”的美，并且非常聪明有趣，经常舞动着身躯“飞”遍全场，给我留下了非常好的印象。

还是在旧金山的时候，有一天晚上，我因为吃得太饱，就跑到街上溜达。当我回到住处时，朋友看到我能安全归来，表示很“欣慰”：“在市中心，晚上到处都是流浪汉和吸毒者，治安很不好的，你这样做太危险了！”我好奇地问道：“因为旧金山是同性恋城市吗？”“你还真说错了，相反，同性恋区比起其他地方，治安情况还是比较好的。”“为什么呢？”“因为那里到处都是‘充满爱的男人’！”

如果以上只是笑谈，无从考证，那么在古希腊的战场上，斯巴达的军队确实是因为士兵的这种“同性之爱”赢得了不少战争。一小群彼此相爱的士兵并肩作战，可以击溃一支庞大的军队。每个士兵都被“爱神”附体，他们宁愿战死也不愿让自己的“爱人”看到自己丢盔弃甲的狼狈样，这是每个陷入爱河的人都要的尊严——实在丢不起那个人啊！在这种情况下，最弱小和胆怯的男人也瞬时变得“高大威猛”，充满力量！

除了古希腊，在封建时代的日本，佛教徒之间也有一种特殊的关系：一个年长的僧人带着一个年轻的僧人一起修行，年长的僧人作为师父，给予年轻的僧人指导与保护，而年轻的僧人则以爱和献身作为回报。在我国的漫长历史中，也早就有关于同性恋的正史和野史方面的“报道”：汉文帝不惜付出富可

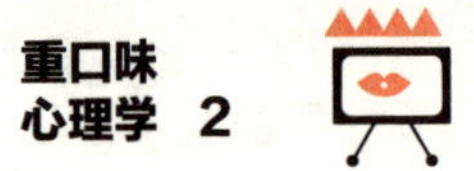

敌国的财富，也要抱得“美汉”邓通归；《红楼梦》和《金瓶梅》等“畅销书”都有对同性恋的描写。近来又有动物学家研究发现，许多灵长类动物，如猕猴、狒狒、黑猩猩等，都有过同性性行为。

这么说同性恋还真是无时不在，无处不在。

但是，在前面讲“马牌需要宝塔”的时候，我有提到不可或缺的“性的需要”，即繁衍的需要，这与同性恋的行为是相违背的。还有，在女性怀孕的时候，会有没缘由地遭遇自然流产的情况，那可能是因为胚胎本身有缺陷，因而被物竞天择，优胜劣汰了。所以从进化论的角度来说，“任何能降低生殖成功率的倾向都应该在自然选择中被淘汰”！然而在人类如此漫长的进化过程中，为什么没有淘汰“同性恋”？如果说存在即合理，你又对同性恋了解多少呢？

不如我们先从同性恋的起因说起——

什么让你变得“与众不同”？

为了搞明白这个问题，各路人马聚集在一起开了一个“起因大会”。吵吵嚷嚷到最后，总共分成了两大派：先天派和后天派。

先天派的成员有：遗传基因、激素水平、大脑结构等。后天派则包括：心理因素、社会因素等。

这是本讲心理学的书，所以在这里我们还是主要来谈一谈心理因素。

还是“老三样”——精神分析主义、行为主义、人本主义。那么我就选出精神分析主义和行为主义，看它们是如何解释同性恋的。

先来说说精神分析主义的。

在前面介绍变态连环杀手的时候，我曾简单地提到过“人格发展的心理性欲阶段”，在这里我就来详细说一说。

弗大爷把人的本能分为两大类：生或性的本能，叫作力比多；死的本能，叫作塔纳托斯[1]。那么所谓的“人格发展的心理性欲阶段”是怎么回事呢？就是说，一个人从小到大，他（她）的力比多（性本能）能量不是固定在身体的某一处一成不变的，而是随着年龄的增长，跑遍全身好几个地方。它跑到哪里，这个阶段就以它所在的器官的名字来命名，比如口唇期、肛门期……

但是力比多是个爱整蛊的家伙，它不会白白跑来跑去，每到一处都是有所图的——需要在那里得到性欲的满足，并制造一些麻烦。这更像是对人的一种考验，要是不把它伺候好了，哼，“请神容易送神难”！它就在此长住不走了！要知道，“人往高处走，水往低处流”，力比多每到一个地方，都有比上一个地方更成熟的性满足方式，所以如果让它滞留在某一位置不动，后果是惨痛的：你只能永远靠低级的方式来满足自己的性欲。

下面我们就来具体说说是怎么个惨痛法。

口唇期：

在我们从出生到 18 个月大的时候，力比多主要集中在嘴上。不用观察太多婴儿，你就会发现，婴儿的嘴是有多忙啊，无论拿到什么新东西，哪怕是大人的一只臭袜子，他们也总是先将其放进嘴里……这一阶段能够“惹恼”力比多的做法非常简单，就是让婴儿“断奶”，让他们的嘴离开乳头、奶瓶和可以吮吸的物体。“性欲的满足”被终止，婴儿顿时心里就变得“没着没落”，便会嗷嗷大哭起来，因为他们害怕被遗弃和自我谋生。

力比多停滞在这一阶段的后果是，人们成年以后仍然依赖“口唇”来满足快感：比如无节制地吃东西、吸烟、话痨、咬指甲、咬指头、咬铅笔……甚至嗑药。

而在心理上，力比多停滞在口唇期的人会过于依赖别人，因为他们始终感觉自己还是个婴儿，需要被娇纵、被养育、被照料，希望别人替自己做决定。

---

[1] 希腊神话中的死神。

肛门期：

18 个月到 3 岁的时候，如果在此之前一切都“顺由力比多心意”的话，力比多就会屁颠屁颠地从嘴部“乾坤大挪移”到我们的“菊花”上。这时候，拉臭臭就是我们满足性欲的方式。同时，父母可以通过训练儿童排便来训练他们的自理和自控能力。

如果力比多停滞在这个阶段，没有顺利走掉，就说明儿童没有很好地拉臭臭，没有训练出良好的自我控制，那么他们长大后会出现两个极端：要么很懒散，很肮脏，要么就是有洁癖、强迫和过于死板。

重点来了！

性器期：

在我们 3～5 岁时，力比多又从“菊花”跑到了性器官上。这个时期，有的人会突然发现自己有一个阴茎，而有的人发现自己没有！我们满足性欲的方式不再靠嘴、“菊花”，而是可以用真正的性器官了——通过触摸生殖器来产生快感。而这时的性欲对象也由奶嘴、便便什么的转向离自己最亲近的人——父母，即小男孩儿爱上了母亲，小女孩儿爱上了父亲。这个时候儿童感受到的不只是父母与子女的血缘感情，还有爱情。当然，这一切都是潜意识里的！

对小男孩儿来说，他们渴望自己的母亲，并想和母亲发生关系。但是父亲的存在本身对他们就是一个障碍，而且还吸引了母亲的所有注意力，所以父亲算是他们的竞争对手。

这个时期力比多给小男孩儿带来的麻烦就是“俄狄浦斯情结”。俄狄浦斯是古希腊神话中的一个人物，他在不知情的情况下杀了自己的父亲，娶了自己的母亲。因此“俄狄浦斯情结”也叫作恋母情结，是小男孩儿想要除掉父亲独占母亲的全部潜意识愿望。

小男孩儿想要殴打父亲，将其赶出家门，甚至弄死他，但是他们也知道自己远不是高大强健的父亲的对手——小兔崽子，还收拾不了你了？！所以他们变得害怕父亲，总担心父亲会先发制人，割掉他们的小鸡鸡，这样他们就再不能对母亲有任何“非分之想”了，这种对失去阴茎的恐惧就是“阉割焦虑”。于是小男孩儿最大的愿望就是变得像占有妈妈的人那样，即他们的爸爸。当小男孩儿开始变得像父亲的时候，就是他们男性角色开始形成的时候——be a man（做个男子汉）！

对小女孩儿来说，情况有同有异。相同的地方是她们也把问题的焦点集中在“阴茎”上，但实际上她们没有阴茎，所以她们一边渴望父亲，一边嫉妒父亲有阴茎。这就是所谓的“阴茎崇拜”。而不同之处就在于，小女孩儿没有必要像男孩儿害怕父亲那样害怕母亲，相反，她们会因为自己没有阴茎而责备母亲。这个时期小女孩儿遭遇的困惑就是“厄勒克特拉情结”，即恋父情结。厄勒克特拉也是古希腊神话中的一个人物，她确信母亲谋杀了父亲之后，哥哥又把母亲给杀死了。

如果生殖器期没有顺利度过会怎样？这也是我想说的关键，同性恋的成因之一——恋母情结冲突。

我们都知道，在一个家庭中，双亲健在与否是很重要的。如果童年缺少一个强有力的父亲，当小男孩儿发生“恋母情结”的时候，他便没有榜样和效仿的对象，所以这个时期他会非常无助和混乱。因为现实中和意识里他不可以真的“爱”上自己的妈妈，所以没办法，他只能自己模仿母亲，然后以自己为性对象，相当于自恋。他们找与自己相仿的男性来爱，如同在“爱”自己的母亲。而且，很多同性恋者的母亲对儿子也有“过量”的爱：儿子是她们的全部，能取代老公成为她们爱的唯一。

有的家庭中，即便有父亲的存在，也“形同虚设”。这样的家庭里，夫妻关系是畸形的：母亲往往是女王，是统治者，而父亲胆小懦弱，没有话语权，对妻子唯命是从；母亲很吸引人，而父亲面目可憎。如果这时母亲再把更多专横用到小男孩儿身上，那情况就更严重了：母亲不鼓励儿子 be a man，同时也不允许儿子对异性产生兴趣，除非对象是自己。小男孩儿没有“靠谱”的男性形象可供模仿，这对他的童年是种致命的打击。

以下是几个“同志”的口述：

男 1：“在家里，我母亲当家，处于领导的地位，而我父亲处于被领导的地位。我很小的时候，父母经常打架，而我总是站在母亲这一边。”

男 2：“年轻时，有件事可能影响了我。那时我十六七岁，已经懂得一点儿性方面的事，父母是四十五六岁。有一天晚上睡觉，我听见父母为这事吵架。父亲求母亲，母亲很反感地说：“你想让我死啊。”我当时对父亲很失望，也特别恨他，觉得父亲欺负母亲。当然现在我不会这么想了，但当时印象挺深的。”

男 3：“我父亲是工程师，母亲是教师。父母结婚很晚，所以很晚才有了我。我父亲快 40 岁时才结婚，他交过很多女朋友，我奶奶都看不上，不同意。我奶奶这人很严厉，把我父亲教得很没主见，不太懂生活。说实话，我有点儿看不起他，母亲比父亲强多了。”

都说初恋是一生中最难忘的，一个人最初认识的人（妈妈、爸爸）最亲密，最初学会的语言（母语和方言）最难忘记，最初习惯的饭菜也会一生留恋。那么最初的性经验呢？也是极其重要的。如果发生在同性之间，就可能终身同性恋，真可谓“一如同门深似海，从此异性是路人”！

这个说法可以用行为主义的条件反射来解释，“人生总免不了最初的一阵痛”，首次性经验对人的影响是非常深刻的，当事人有可能就此便将性快感与同性对象紧密联系在一起，形成条件反射。尤其是当事人年纪越小，越没有全面判断人生的经验跟能力，更没有其他情况可以比较，就越容易“认死理”，被同性性经验先入为主，认定性关系只能发生在同性之间。

我上中学的时候曾经追求过女孩儿，但是那时没有发生过性行为。后来，因为偶然的机会有过一次同性的性经历，这是我的“第一次”。事后我虽然一再克制自己，却又实在难以忘怀。压抑了四五年之后，我内心的渴望一点儿也没有降低，就索性开始同性恋的生活方式。现在，我已经完全陷在里面，不能自拔。

孟母为啥三迁？这个用前面出现过的班杜拉老头的“参与性学习”与“替代性学习”就可以解释。尤其是其中的替代性学习，是说人很多东西都是靠观察榜样的行为学会的，近朱者就赤，近墨者就黑。这样说来，长期在一些封闭的环境中待久了，就会不自觉地被周围人的做法“传染”。尤其是在那些完全与异性隔离的地方，比如监狱、军队、精神病院、男子或女子寄宿学校、远洋海轮等。

“我们恋爱吧”

同性恋的成因就说到这里，当然，成因远远不止这些。那么同性情侣之间是怎样相处的呢？来看下面这首诗：

上邪！
我欲与君相知，长命无绝衰。
山无陵，江水为竭，
冬雷震震，夏雨雪，
天地合，乃敢与君绝。

这首诗把男女在热恋中的情深义重、海枯石烂和至死不渝的情感描绘得出神入化，力透纸背，但是用它来形容同性恋者之间的爱情，也是丝毫没有违和感的！是的，同性恋的感情生活与异性恋的爱情相比，无论从形式、内容还是热烈和真挚的程度，都十分相像！唯一的区别只是恋爱对象的性别是同性，这一点对异性恋者来说可能会有些匪夷所思。

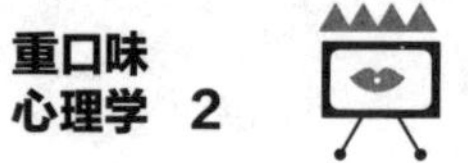

来看看一位同性恋者对感情的讲述：

> 那年我爱上一个人，爱得神魂颠倒，死去活来。我们曾经有 3 个月的时间，每星期都有三四天住在一起。我爱他，他也爱我。他有一个女朋友，但他对她完全是逢场作戏。虽然我们有过海誓山盟，但后来感情还是出现了裂痕。我怀疑他有外遇，在欺骗我。我跟踪他，到他家门前守候，发现他夜不归宿，去和别的男朋友睡觉去了。我对他说："我对你动了真情，你不能拿我的感情开玩笑。"我当时真想去把他男朋友家给砸了。

看得出来，这段感情的纠葛和投入程度，丝毫不逊于异性之爱。

尽管在追求真爱这一点上，同性恋与异性恋极为相似，他们的悲欢离合有时也和异性爱侣一样缠绵悱恻，但是一字之差，还是注定了同性恋者和异性恋者恋爱上的差别。

"认真你就输了"

虽然我们不否认真爱的存在，也相信存在自始至终只有一位或两位伴侣、从不滥交的人，但这种情况，在全部男同性恋关系中所占的比例还是很小的。更多的情况是，不少同性恋者有过几十个甚至上百个性伴侣，而其中"真爱"的只有几个而已。

一位同性恋者虽然表达了他对有感情的关系的渴望，但从他的话里可以看出这种关系的稀有和难得：

> 在朝三暮四、鱼龙混杂、露水一般的"圈子"里待得越久，经历越多，体会越深，越是渴望忠贞，渴望彼此拥有！世界很大，美好的事物很多，但作为普通人，我所求的不多。但这份追求，我十分明

白，对于任何人，不仅是gay，都是极其困难的，也许正因为难，才更显珍贵。

一位经历过感情磨难的同性恋者这样讲述感情在圈中的分量：

圈里很多人一旦感到自己对某人很痴情，就得及早抽身，不愿背感情包袱。圈里最不受欢迎的是两种人，一种是产生感情的，一种是性方面不行的；最受欢迎的是又会玩又没有感情的。很多人之所以不想产生感情是怕摆脱不开，那就太累了。尤其是那些有家有口的，要顾及家庭、工作、社会地位的，玩玩就算了。圈里还有另外一种人，他们看文艺小说，听爱情歌曲，许多是学文的、浪漫的、看重感情的，对没有感情就在一起玩接受不了。

现在我发现，前一种人越来越多，后一种人生活得很苦。后一种人一旦跟前一种人接触，会痛苦好长时间，有的一辈子都忘不了。现在只有初入道的“雏儿”才会爱上别人；入道时间长的就会刻意避免产生感情，也有些是时间长了，麻木了。现在只要听说有为感情寻死觅活的，我一方面会同情他，另一方面又会觉得他太傻。现在这样的人少了。我见过自残的人。对方提分手时，他当着人家的面用烟头烫自己的手腕，烫的大火疤一个个的。可是他越那样做，对方越暗自得意，觉得自己魅力大，同时也越讨厌他。所以只要一方决定分手，就不要纠缠，不如找一个更好的，一方面解脱自己，另一方面也气气对方。

“爱如朝露，去日苦多”

同性恋爱与异性恋爱的第二个不同之处是：固定的恋爱关系总是不能持久，长不过三五年，短不过一两次会面。

两个同性恋男人之所以不能长期在一起，是因为他们需要的也是对方需要的。

同性恋大部分是胆怯的、文弱的，希望对方是彪悍的、阳刚的。就像女孩儿找另一半会考虑要么跟自己的父亲非常像，要么就是正相反。男同性恋找另一半也是，要么是像自己阳刚的父亲一样是个纯正的爷们儿，要么就是跟自己懦弱的父亲完全不一样的纯正的爷们儿，总之就是要纯正的爷们儿。不信可以看画男性肖像画得最漂亮的，准是同性恋男人，因为一个同性恋男人喜欢的是一个真正的异性恋男人，一个真正完美的男人。所以两个男同性恋者只会在有共同的利益时，才会长期在一起。由于在一起时都希望对方更像男人，所以不能长久。就像电影《蜘蛛女之吻》中那位同性恋者的自白："我始终在等待一个真正的男人，但这不可能发生，因为真正的男人要的是真正的女人。"

人都有喜新厌旧的本性，异性恋如此，同性恋也是如此。但是异性恋关系所受到的社会鼓励和婚姻约束，却是同性恋没有的。相反，在大部分社会中，同性恋还是饱受非议的。谈一场同性之恋要面临外界各方面的压力和自己内心的冲突，这也就不难理解为什么同性的感情来得快，去得也快了。不过话又说回来，即使有婚姻的维系，又有多少异性恋者仅是为了孩子或者物质，而貌合神离地被迫生活在一起呢？"没有希望，也就没有失望"，许多异性恋者在婚后，由于对对方的神秘感消失，因为喜新厌旧又不能弃旧图新，外加家庭琐事的烦扰折磨，逐渐产生了"对爱情的幻灭"；而同性恋却是轰轰烈烈后随即分手，因为没有继续在一起的理由和束缚。

"纯爱"：

网上曾贴出过"经济适用男"和"经济适用女"的择偶标准。

经济适用男：

身高 172～190cm；

体重 65～85kg；

发型传统，相貌过目即忘；

性格温和，工资无偿上缴给老婆或者 AA 制；

不吸烟，不喝酒，不关机，不赌钱，不泡吧，无红颜知己；

月薪 2000～10000 元，有支付住房首付的能力；

一般从事教育、IT、机械制造、技术类行业的男人。

经济适用女：

身高 158～175cm；

体重 45～55kg；

披肩长发，性格温和，不拜金，本科以上学历；

月薪在 3000～6000 元之间；

会洗衣，会做饭，有责任心，有同情心，谈吐得体，知书达理，对待爱情不离不弃。

如果现在告诉你，你所选择的交往对象不是以结婚为目的，而是为了快乐而在一起的，你还会坚持自己的“择偶清单”吗？恐怕很多人会删掉以往列出的大部分选项，然后加上自己真正想要的选项。

同性恋就是这样，一不能组织家庭，二不能生儿育女，所以他们在恋爱上的动机跟异性恋相比要“纯粹”得多了：我们只要快乐！

当他们选择另一半的时候，“切入点”就不同，会考虑更多对方先天的特质，比如：相貌、身材、年龄、气质、性格等；而对对方的身份地位、职业、家庭背景、经济条件等就不是很关心了。

就像下面两位同性恋者所说的：

我也说不出爱他什么地方，他身上的一切我都爱。他身材健美，好看，生殖器不大不小，很性感。

两个男人的结合完全是追寻性的快乐，没有婚姻、经济、利益等干扰，因此是人生的又一种体验，有点儿像小时候两小无猜单纯地互相喜爱。

结婚还是不结婚？这是个问题

同性恋专属俱乐部这样的地方在国外并不少见。相较国内，国外的同性恋环境要开放和轻松得多，并且没有中国传统文化中的传宗接代等压力。国外的同性恋者或者独身，或者与同性同居，或者与同性结婚，很少进入异性婚姻，所以也就少了一个极富中国特色的现象——同妻。如果说同性恋相对异性恋是弱势群体，那么在男同性恋周围，有一个更弱势更隐秘的群体，就是同妻。

同志之“欺”

萧小姐新婚的甜蜜日子还没有开始，就面临结束。2007 年 6 月，24 岁的萧小姐结婚不过一个多月，婚前体贴的丈夫一下子变得冷漠起来。随后，她在丈夫的电脑和手机里发现了“小三”，令她惊讶的是，对方竟是个男人。萧小姐之前就接触过同性恋群体，但万万没有想到同性恋会离她的生活如此之近。而事实上，萧小姐才是“第三者”。

丈夫和他的家人在婚前均知道他是同性恋者，并都对萧小姐选择了隐瞒。3 个月后，丈夫在种种证据面前仍然欺骗她，说自己是双性恋。在这个过程中，萧小姐非常愤怒，她认为丈夫一开始就应该把事情的真相告诉她，而不是骗她结婚。

尽管悲愤，萧小姐并没打算就这样放弃自己的第一段婚姻，她希望努力对丈夫好，他就能有所改变。谁知丈夫非但没有回心转意，更当着他父母的面，把她痛打了一顿。那段日子萧小姐无比绝望：“我闭上眼睛，这个世界便在我身边死去。”

她曾扪心自问：“难道我这几十年，就这样在挨打、冷漠和痛苦中度过吗？”家庭暴力最终还是彻底击碎了萧小姐的幻想。“我想离婚，但他不愿意办手续，他觉得分居的方式挺好的，但我觉得这对我不公平。”尽管只能以感情破裂为由，也得不到任何补偿，但是急于从痛苦中重返自由的萧小姐还是毅然结束了这段维持仅一年的婚姻。

有研究表明，80% 的中国男同性恋者会进入婚姻，或已经在“围墙”之内，人数约为 1600 万。那么去掉这其中的双性恋者，同妻的数量将会有 1000 多万！就像 2005 年，央视记者柴静曾做过的一期名为《以生命的名义》的节目，探讨“同性恋”“同妻”话题，一位来自大连的同妻说道：“在一辈子最好的时候，我却嫁给了一个同性恋。”这里面的无奈与心酸，恐怕只有当事人心里最清楚。但是像萧小姐这样能够及时“止损”的还是不幸中的万幸，又有多少女人顾及自己的名誉，担心影响孩子，害怕让家人蒙羞，不得不独自在“同妻”的阴影下继续艰难地支撑着……

和萧小姐的丈夫不同，有的同性恋者结婚后，会将对妻子的反感压抑下去，并抱着对妻子的负疚感，努力做一个好丈夫。除了不能在性和感情上对妻子全心投入以外，其他方面，他们都尽量尽到做丈夫的义务和责任。

来看一位同性恋丈夫的讲述：

那一年，我 27 岁，在男大当婚的传统习俗中，我成家了。结婚的头几年，夫妻生活还可以维持下去。为了性爱的需要，我有时对自己的性器官采用自虐的手段，而这些自虐的手段其实很残酷（这是朋友们在谈论时传授的，这些同性朋友大多有类似的经历），迫使自己的生殖器保持持久勃起的状态，去完成夫妻性生活的全部过程。这样做主要也是为了尽丈夫的责任，实际上我对男女之间的性生活丝毫没有兴趣。

我有时候想，如果能出家去当和尚该有多好啊，和尚就能理所当然地不用结婚，就可以逃避家庭、社会、亲人对我婚姻状况的责难。我所接触的朋友大都有跟我相同或者类似的想法，但是他们又都有“良心”，都在尽职尽责地当好子女的父亲，当好父母的儿子。

只是，敏感的女人都能察觉出丈夫是否对自己投入了真心，无论是在床上还是床下。他们这么做丝毫没有减轻双方的痛苦，只是在“深坑”之上铺了一层薄草，生活得如履薄冰，装作视而不见罢了。

双生花

萧小姐的前夫曾经谎称自己是双性恋，那么双性恋是怎么回事呢？

在绝对的异性恋者和绝对的同性恋者之间也是有过渡的，来看下面的“性取向渐变图谱”，我们把性取向的演化过程分为 7 个等级：

0 级：绝对的异性性行为。

1 级：偶尔有一两次同性性行为，而且绝对没有同异性发生性行为时的感受和心理反应。

2 级：同性性行为多于异性性行为，不能明确地感受到其中的刺激。

3 级：在肉体和心理上对同性和异性两种行为的反应基本相等，一般两者都能接受，没有明显的偏爱。

4 级：在肉体和心理上，同性性行为多于异性性行为，但是仍有相当多的异性性行为存在，还能够模糊地感受到其中的刺激。

5 级：只有偶然有异性性行为和感受。

6 级：绝对的同性性行为。

很明显，这个“性取向渐变图谱”中的第 3 级，就是性取向的双生花——双性恋！

双性恋没有异性恋和同性恋那么具有“排他性”，它能够做到男女皆可，是真正地“博爱”。

强扭的瓜不甜

老外对中国男同性恋最终会和女人结婚这件事非常不理解，在他们看来，自己的情人去和女人结婚，那是对感情的不忠，对他们来说也算是一种伤害。但是老外哪儿能感受到在我们的悠久文化中，经过漫长的演变和沉淀所形成的强大力量。不仅是结婚的压力，也不仅是为了传宗接代，这更像是种无形的规范，告诉你该做什么事的时候就应该做什么！怎么做！否则就……“恐龙总是想把不是恐龙的动物一网打尽”，所以男同性恋者本身也背负了巨大的压力。

下面这位即将结婚的同性恋者的痛苦与焦虑就很具有代表性：

再过一段时间我就要结婚了，我不知该如何面对那个未来的她。我虽然同意跟她结婚，可我内心知道，我不喜欢她。可我却不得不结婚，我的年龄已容不得我再独身下去。父母和亲友也不会允许我这么大了还不结婚。我该怎么办？我不喜欢她，可我却要与她过一辈子，朝夕相处，同床共枕。我受不了，我不敢想象以后的日子会是什么样子。我只是觉得心里烦乱，可表面上还得装出结婚前的喜悦，自欺欺人。我不能想象洞房花烛夜将是怎样一番景象。

这到底是为什么？人是不是一定要结婚？人是不是一定要与异性结婚？作为一名同性恋者，我是断然不敢公开我的性取向的。为什么想独身、想一辈子不结婚会这么难？我承受不了世俗的压力。我该怎么办？我为什么就跟别人不一样？为什么同性恋这个魔咒会降临到我头上？我不知道我这辈子怎么过，不知道我的幸福在哪里，也不知道结婚后会不会离婚。做一个同性恋真难！有时候真想一死了之，可我对理想、事业还有一点儿希望，终归没有走那条路。真的，我心里堵得慌，满腹愁苦，却不能对任何人说。看着每个亲友都忙着给我张罗婚事，我心里真不是滋味，他们哪里知道我的心思！我到底该如何去面对这一切呢？我该如何去寻找自己的幸福呢？处在异性恋者中的同性恋者，他们的痛苦有谁能体会到呢？

那么为什么同性恋者和异性结婚会这么痛苦呢？这个问题其实很白痴，试想一下，一个异性恋者找了个同性恋……

有些同性恋说痛苦，是因为结婚以后精力分散，对妻子和未婚的同性伴侣来说都是不公平的，有的说结婚后会在一定程度上限制同性恋活动的自由，还有的说，结婚在同性恋圈子里其实是件很“跌份儿”的事。但是这些都不是最根本也不是最重要的原因，归根结底还是因为跟异性的恋爱和婚姻完全不能引起他们的“性趣”！

来看一位同性恋者和女性发生性关系的感受就知道了：

> 接吻不舒服，没有刺激感，还得刺激她。自己失去的多，得到的少。她摸我的生殖器会让我反感，并且一摸就什么兴趣都没有了。要是同性，越触摸生殖器越有兴趣，越吻感觉越好，同女人刚好相反。我也不愿接触女人的身体，一接触就反感。我第一次看见女人的裸体没兴趣，女人看见我的裸体也没兴趣。可是男人看到我的裸体时都兴趣极大，有的人专门让我脱衣看几分钟，之后才干别的。但女朋友看到我的裸体时全无渴望的眼神，十分冷淡，因此觉得很失望。也不喜欢抚摸女性，摸着腻歪，皮肤没有弹性，触感不好，曲线也不好。虽然也能勃起射精，但没有发泄感，射精前的感受跟与同性发生关系时不一样，完事就完了，没有意思。

“同志”style

回到文章前面的问题：为什么同性恋违反了生物进化的规律，却还是幸存了下来，没有被自然淘汰？

其实这一路下来，“同志们”真是历尽艰辛，险象环生，惊心动魄……

当同性恋踏上漫漫长路，开始旅程的时候，第一个跳出来阻截的是宗教！何止是阻截，那应该称得上摧枯拉朽的残酷迫害。

对于同性恋，没说的，就是“异教徒”“异端”！

基督教更是拿出了《圣经》款款地念道：“不可与男人苟合，像与女人一样，这本是可憎恶的。”“人若与男人苟合，像与女人一样，他们二人行了可憎的事，总要把他们治死，罪要归到他们身上。”基督教认为同性恋制造了道德败坏的气氛，应当与谋杀同罪，处死；认为同性恋对现存的价值观有威胁，还会损害婚姻和家庭的繁衍功能，罪大恶极，处死；基督教在成为罗马国教之后，立即下令，凡是同性恋者，一律判处死刑！

还记得电影《异教徒》中凯奇的下场吗？当时的同性恋者的结局就跟他一样。

后来随着社会的演变，宗教对人们的约束力逐渐减弱了，这时，第二个阻截同性恋的东西跳出来了——法律。

在当时看来，同性恋是重罪，惩罚也相当严厉。在阿兹特克帝国，对于同性恋行为中扮演女性角色的一方，要先割下他的生殖器，再把他绑在一根圆木上，用灰将其埋起来，然后在上面放一大堆木柴，点上火，把他活活烧死。扮演男性角色的一方也被绑在圆木上，用灰将他埋起来，直到他窒息而死。在秘鲁，人们发现了同性恋行为后，当事人会被处以绞刑，在赴刑场前还要游街示众，最后将他所有的衣服一起烧掉，象征着“彻底毁灭这个人”。英国曾发生过活埋同性恋者的事件。法国直到18世纪中晚期还对同性恋者实行火刑。要说还是罗马判得比较轻，同性恋判10年，发生肛交判7年，发生口交判3年……

社会在不断进步，法律对同性恋的制裁也慢慢变得无力起来，于是第三个跳出来阻拦的东西也出现了——医学。

“知道不，同性恋是种精神病。”医学是这么说的，所以在那个时候同性恋者常常被冠以“变态”的头衔。有的机构和个人甚至宣扬，应当把同性恋者全都抓起来关进精神病院！说这话的机构和个人其实低估了同性恋者的数量，根本就没有足够的精神病院容纳这么多的“病人”，而且也没有足够多的医生来给他们做“治疗”。后来一个人出现了！他的看法对人们产生了巨大的影响。那是我们非常熟悉的身影——弗洛伊德。弗大爷直言不讳：“医院是治不了同性恋的，因为它根本不是病。”

在他的影响下，关于同性恋不是疾病的观点终于被多数精神病医生接受。

随后，标志性的事件发生了，美国精神病学协会在 1973 年将同性恋者从精神病患者的队伍里分离了出去。而在此之前，同性恋一直作为一种心理疾病，被列在《美国精神病诊疗手册》上。

宗教、法律和医学一路“追杀”，最后，也是我们现阶段的阻截者出现了——道德。

它打着“同性恋是违反人类天性的罪恶”这一“老生常谈”的标语。有趣的是，同性恋的调查数据来自社会的各个阶层、各种职业和各个年龄段，而在那些大声疾呼“同性恋可耻”的群体里，同性恋者并不比其他群体少。

也有人指出：“把同性恋从这一代人中消灭干净，你就能够保证它不会在下一代人中出现吗？”同性恋不会因为社会对它严厉就减少，也不会因为社会对它宽容就增多。“你灭或者不灭，我就在这里，不增不减。”同性恋的存在就是一个人类生物多样性的表现。

说到这里不知大家有没有意识到，在我国，自古以来好像都对同性恋抱有一个宽松和“视而不见”的态度，为什么呢？原因从上文中可见：中国 80% 的男同性恋者最终都会走入婚姻，繁育后代！这也是同性恋在我国能够免遭迫害的原因之一，因为它“不碍事”。

一路走来，也算守得云开见月明，人们对同性恋的态度变得更加宽容，甚至在有些国家同性恋婚姻已经合法化。人们慢慢认为，同性恋作为一种性取向不仅是正常的，也是自然的，不过是一种与众不同的生活方式而已——“同志”style！

第八章

树木人格分析

——“画的解析”

HARDCORE PSYCHOLOGY

现在请大家拿出一张 A4 纸，然后再拿出一支 2B 铅笔，在纸上画一棵树。想怎么画就怎么画，爱怎么画就怎么画，总之一句话：随便画！

好了，给大家看看我画的树：

我曾经写过一种非常有趣的精神分析技术——沙盘游戏，今天在这里，我要为大家介绍它的姐妹篇——树木人格分析。为什么说是姐妹篇呢？因为树木人格分析也是精神分析技术的一种，而且和沙盘游戏一样，它们的原理都是“投射理论”。

那么什么是投射呢？这就说来话长了。

“佛说了，你是狗屎，所以你看对方才是狗屎”

故事还得从弗大爷的三个“我”说起……

大家都知道本我是“本能的我”，它蛮不讲理，肆意而为，口头禅是“我现在就要它”！超我是“道德的我”，讲究规范又极其严厉，它的座右铭是“你永远都不能要它”！可怜的自我夹在它俩中间，既要考虑平衡本我的冲动，又要努力达到超我的标准，还要面对这“纷繁复杂”的外部现实世界，只有说：“那好吧，如果我能解决的话……”怎一个辛苦了得啊！所以它们三个经常一个向东，一个向西，然后一个不知道向东还是向西。

比如，我们设想一下，一位年轻的女士正在快餐店排队买快餐，她排在队尾，前面站着一位男士。这位男士掏兜的时候，突然掉出了100块钱。这一幕正巧被她看到，看着地上近在咫尺的100块钱，此刻，她人格的三个“我”分别开动。本我说：“捡起它，赶快跑！有必要的话，还可以把那人推到一边去！”超我说：“不许捡！”自我不仅要面对本我和超我的要求，还要面对现实情境，它琢磨着：“那个人看到自己掉了100块钱吗？其他顾客看见地上的100块钱了吗？我可以在不被人看见的情况下，用脚踩住它吗？我是否应该把它捡起来还给那个人，也许他会给我一些酬谢。要不我还是……”

在这种三个“我”乱成一团的情况下，这位女士将会体验到焦虑。

那么到底何为焦虑？焦虑是一种不愉快的状态，也是一种神奇的感受，它在人类漫长的进化中一直伴随我们左右。它更像是一种危险信号，意味着当前的事情不对劲，有必要做出改变。当发生焦虑时，我们的身体会出现心跳加速、手心出汗、呼吸不均匀等症状，作为对这种危险预警的外在表现。被焦虑缠身的人总觉得自己正处在恐惧的边缘，只差一步就掉进深渊，似乎要摊上什么大事，常常“惶惶不可终日”。

焦虑因为三个“我”折腾的内容不同而有所不同，大体上可以分为三种：

真实焦虑——恐惧：

这种焦虑多发生在我们受到真实的外部威胁时。例如，对大多数人而言，当我们抄近路，走进一条小巷子，遇到一个拿着刀，长相凶狠，看起来极具攻击性的男性时，就会产生这种真实的焦虑，即恐惧。

这种情况是由于自我受到外在因素威胁而产生的，与本我和超我无关，而且不属于“人民内部矛盾”。除了这种焦虑，其他两种焦虑皆是由“窝里斗”引发的。

神经焦虑——“情难自禁”：

当本我与自我“闹不和”时，便会引起神经焦虑。

主要问题出在本我那股放荡不羁的欲望太过狂野，自我有点儿难以将其“降伏”住。举个例子，当一位女士被某人吸引时，就会心生紧张，关于对方的一丁点儿性幻想也能让她胸口“小鹿乱撞”。再举一个例子，一位男士过分担心自己会在公共场所不小心脱口说出违背世俗伦理的想法和期望，比如“我想跟嫂子上床”，这也是神经焦虑的表现。

道德焦虑——“不要辜负自己”：

苦×的自我有点儿像公司的中层，不仅有时候处理不好跟下属（本我）的关系，还经常会得罪高层（超我）。比如，由于没有达到某个“特定的”标准（即使这个标准是不可能完成的），一个人因此长期羞愧和内疚，他所体验到的就是一种道德焦虑。就像一个饮食混乱的女人，可能会跑上 3 千米或做 100

个俯卧撑，只是为自己多吃的一块巧克力做“补偿”。那些总是瞧不起自己、感到自己没价值和内疚羞愧的人，往往更容易遭到道德焦虑的侵袭。而这一切的罪魁祸首，是因为这个人拥有一个过于强大的超我！这个超我不容自我跟它有一丝协商的余地，神圣不可侵犯。它总是不断地提醒人们：“不要辜负那些期望！”哪怕这些期望高得离谱。

不管焦虑分多少种、怎么样，一旦它们出现了，我们的身体就不能置之不理，势必要去解决问题，因为人是有趋利避害的本能的。那么派谁出马呢？便是江湖上赫赫有名的“防御机制”！防御机制是干吗的？总结起来很简单：一是保护自我，二是减缓焦虑。它是怎么做到的？是通过控制自我，来摆平“起义”的本我和“癫狂”的超我。

为此，防御机制创造出了一系列“独门绝技”：“压抑”“否认”“替代”“合理化”“反向作用”“升华”……而我们要说的“投射”，便是其中之一！

那么投射是怎样解决人们的焦虑的呢？

“投射”，顾名思义，有“扔出去”和“发泄出去”的意思。它其实是指人们把自己最苦恼和最厌恶的品质和特点强加到别人身上，这样我们就可以憎恶别人而不是憎恶自己了；我们可以诋毁那些“扔给”别人的东西，却对自己身上的这些毛病只字不提。如此说来，投射其实也蛮“无赖”的。他人非常不幸地成了我们“泄愤”的靶子，因为他们拥有我们不喜欢的东西，尽管我们自己也拥有这些东西，但是自己总不能跟自己作对吧？投射将对自己的讨厌变成了对他人的厌恶，一下子什么焦虑都没有了，人生好轻松啊。

于是，小偷反而经常担心别人偷他的东西，认为其他人是信不过的；一个荡妇不肯承认自己的欲望，但是她坚信她认识的所有男人眼里只有性；与其他已婚男人相比，爱出轨的男人反而更容易怀疑自己妻子的忠诚度；一个人如果经常侮辱别人，喊别人蠢货，那么，很可能说明他（她）对自己的智力没有多少信心。

现代心理学又研究出一个跟投射很类似的心理效应，叫“错误一致性效应”，是说人们总是认为别人也跟自己相似。外向的人认为其他人也是外向的，有良知的人认为其他人也是有良知的。跟投射一样，这种效应在解决焦虑时非常有效。比如，如果只有一个人信用卡逾期不还，这意味着他是唯一缺乏道德的人，于是他的心理压力会骤增。但是假如他认为还有很多人的信用卡也逾期不还，那么他就会觉得自己不是“一个人在战斗”，情况没那么糟糕，顿时负罪感猛降，心理也平衡不少。就像我们经常说的“我也不是特别差，因为大家都这么差”，便是在焦虑面前对自己很好的开脱和保护了。

投射也好，错误一致性效应也罢，又或者整个防御机制，都是潜意识层面的。

现在应该很好理解投射理论是怎样让树木人格分析起作用了吧。给大家看一张图：

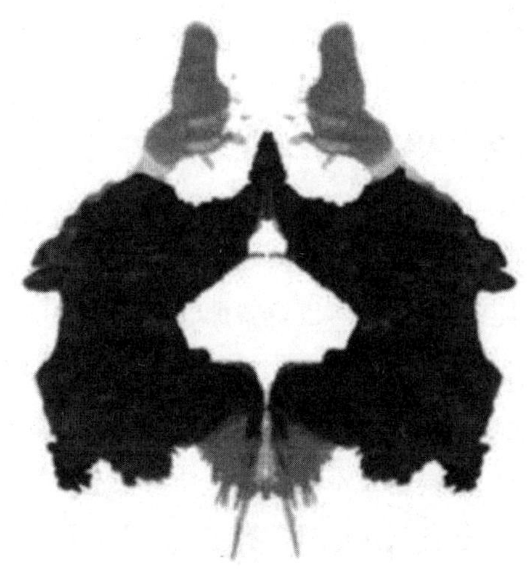

这个是瑞士精神病学家罗夏的墨迹图。你从这幅图中看出了什么呢？请以第一反应为准，快速回答！

具有敌意和攻击性的人在墨迹图上看见的可能是牙齿、爪子或血迹，口唇期滞留的人看到的可能是食物或有人在吃东西……这就像儿童在玩一种描述浮云的游戏，一个孩子看到的是海上的一艘船，另一个人看见的是一头狮子，还有人看见的是一位名人的脸。当然，云中没有真实的图画，而这些“所见”均来自孩子们的内心。所以投射理论可以帮助人们把自己的人格投射出来（到画里），让深藏不露的潜意识意识化。

我们为什么要用树来探索人们神奇的潜意识世界，而不是画猫猫狗狗呢?

在解释这个问题之前，我需要给大家介绍一个精神分析治疗中经常出现，而且“享有盛名”的现象——

“阻抗”。

人们都知道长痛不如短痛这个道理，而且也知道，逃避痛苦不是解决问题的办法，只有直面迎击才能战胜它，但是说起来容易做到难。所以，为了不触碰那些痛苦，人们，或者说是人们的自我，耗费了很多能量来掩盖痛苦的根源。当心理治疗师通过心理治疗手段去触碰潜意识里的东西，并打算“挖出来”研究一番的时候，人们就会明显感受到威胁。于是曾经用来压抑痛苦的力量，现在便转而用来攻击和阻拦心理治疗的过程，这就是“阻抗”！其表现为，有的人会在治疗过程中顾左右而言他，比如仅是回忆小学某个同学的名字和其他细节就花掉几个小时，有的人会用各种聪明的办法来误导心理治疗师，还有的人会对心理治疗师产生敌意，破口大骂。

那么，树作为一种自然的植物，对绝大部分人来说是“中性”的。在画树的时候，绘画者很少有自我暴露的担心（实际上他们已经暴露得太多了，嘿嘿）和阻抗出现的必要（很难发觉潜意识被侵入），这样才能更深层次地揭露人们的潜意识情感，“一画为快”。

说了这么多，下面就正式开始研究“画的解析”了。

既然是在纸上画树，那么我们关心的只有两点：一个是纸，一个是树。纸相当于绘画者所处的环境，而树就相当于他们自身。只有对纸、树以及纸跟树的关系进行彻底了解以后，才能完整地对画面进行解析，而在此之前都是片面的。

就先来看看人们所处的“环境”好了——

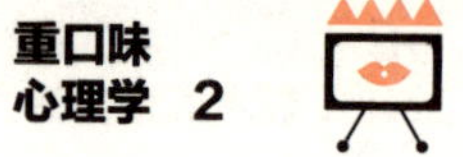

画纸的讲究

和树木向上生长一致，画纸也由下至上分为三个区域：本能领域、情绪领域和精神领域。这也跟树木可分成树根、树干、树冠三部分有异曲同工之处。

精神领域： 心 知性 想象力 自我开发 认识
情绪领域： 被意识到的反应 社会的被接纳的态度 否定的态度 原始的反应 被隐藏的情感
本能领域： 性 幼年期的附带条件 被压抑的经验 个人无意识 集体无意识

这种划分让我想起一种说法：爱分为几层境界，第一层是性欲之爱，第二层是情感之爱，第三层是精神之爱，而最高级的是灵魂之爱。从图中看来，还真有这么点儿意思，除了灵魂的东西不在这里讨论。

纵向的我们搞定了，再来看看横向的。现在把这张纸左右对折，则可以看到，如下图：

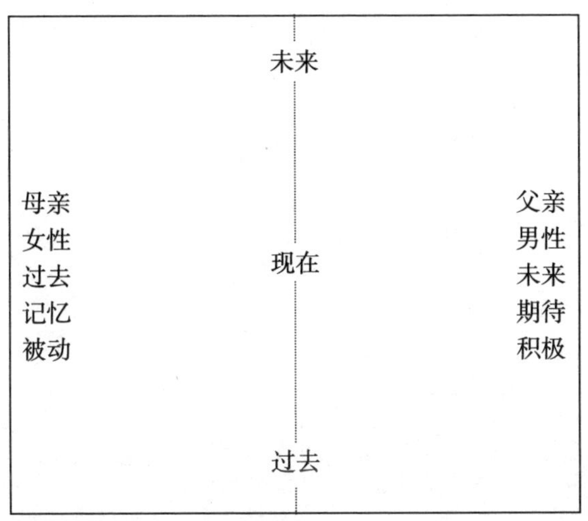

人们常说“男左女右”，但是在这里却是反过来的。我们认为，画纸的左侧代表着母亲、女性、过去（意味着记忆）和人们被动的一面，而画纸的右侧代表着父亲、男性、未来（意味着期待）和人们积极的一面。

现在把这两张纸交叠在一起，会出现“壮观”的一幕——我们对画纸的区域进行了更为详细的划分，见下图：

9	10	11	12
神秘主义、艺术 音乐 直观、深思熟虑 灵感 空想、憧憬 幻想 梦想 殉教情结 女同性恋	文学 宗教 神话 狂热性 理想主义 想象 意识态度 信仰 博爱主义 奇迹	才智 哲学 历史 努力 目标 注意 理性 希望 业绩 一丝不苟	完成 思考 科学、数学 计划 名声 竞争 诡辩 妄想 足够的财力 独立 实验

续表

5	6	7	8
感情的判断 情绪 记忆 默认 渴望 被动性 封闭 感情的执着	喜悦 平和 保护 献身 充足 照顾 同情 断念 悲哀 怨恨 耻辱 后悔 羡慕	决意 领导才能 责任 自尊心 自我控制 虚荣 自我牺牲 拒绝 抵抗 愤怒 贪欲 烦恼 憎恶	意志 经验 工作 实际的现实主义 常识 具体性 肯定的期待 稳重 传统 效仿 拒绝 忧虑
1	2	3	4
依存 对安全的欲求 睡眠 退化 停滞于口唇期 子宫 前意识 开始的原型 原始性	无意识欲求 无意识记忆 母性的本能 再生的本能 女性的原型 神的崇拜 太母 鬼神 秘法	无意识力量冲动 催眠状态 自我本能 生殖器期的性本能 普遍的男性原型 阴茎崇拜 牺牲崇拜 超越的性	不活泼 否定主义 自爱 恐怖、混乱 潜在的发展 停滞于肛门期 观念 死 地狱 复仇女神 黄泉之路 回归

看到这里，估计有些人会有点儿蒙，这都是什么跟什么？尤其是在某些区域，词义竟然是相互矛盾的！比如在区域 6 中，既有“喜悦”又有“悲哀”，那如果我在这个区域画了很多复杂的树枝，我是该理解成这代表了喜悦还是悲哀呢？到底是喜悦还是悲哀？！

现在，一个非常非常关键、非常非常有“技术含量”的地方，也是树木人格分析的主要难点便出现了：对于在树木人格分析中出现的任何一个信息、一个符号，对它的解释都不是单一和固定不变的，要具体情况具体分析！

就拿第167页图中最左边的区域9来说好了。有一个人，他在区域9画了很多树枝，这是一种白日梦式的空想和逃避性的指示；但对另一个人来说，这些树枝可能代表空灵澄澈的心灵意识和超自然感悟能力；而对其他一些人来说，这种画法的意义可能跟音乐和艺术能力有关。同一个区域，既能表示成富有才华的音乐家般的敏锐听觉和对旋律的调节能力，还能表示成强大的心灵感悟能力以及白日梦般的空想和对现实的逃避。如果你原本就知道绘画者是音乐家，或者是有音乐天赋的人，那你就应该知道选哪种意思更恰当。

但是，如果对绘画者一无所知怎么办呢？对树木人格分析来说，又一个关键性的地方出现了！

“画的解析”的程序：整体→纸→树→综合。

当你拿到一幅画的时候，别的先不管，先从整体上对这幅画“感受”一下，抓住整体的基调！这幅画给了你什么感觉？它到底是悲伤还是喜悦？是消沉还是积极？是萎靡还是亢奋？是……如果画面整体给你感觉能量较弱，“场面”比较混乱的话，那么基本可以认定区域9强调的是被动的幻想和对现实的逃避；如果画面表现出能量平衡，树木各部分都比较成熟、完整的话，那么可以认为区域9所表现出的是绘画者的深思熟虑和对其创造潜力的认可。

如何才能拿捏准画面的基调呢？这就不是一朝一夕的事了。首先，需要有大量的“实战”经验。其次，分析者本身至少还得具有那么点儿“灵性”。因为对心理学研究者来说，勤奋很重要，天赋跟勤奋一样重要。

整体感知完毕，我们再回到对画纸的分析。为了更好地了解上面提到的纸的不同区域的意义，我们举实例来分析。

如果你画了一棵树，它大体在画纸的中央，距离画纸四边的距离相等，就像下面这样——

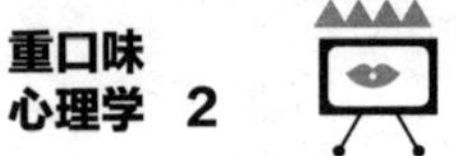

树在画纸中央型：

画出这样位置的树的人，对男性和对女性的影响都能够接受，而且程度也差不多。和男性、女性都能建立起合适的人际关系，并能掌握好平衡。这种人的家庭状况通常是比较健康正常的，至少没有过多地受到父母哪一方的影响。他们有着良好的过去，并对未来抱着肯定的期待。同时对性的反应健康，精神发展良好。

树在画纸左侧型：

如果把树画在这个位置，就可以明确地认为，这个绘画者是在一个比较强势的母亲的强烈影响下长大的，情绪明显不均衡。也表示这个人很难维持良好

的夫妻关系，因为这样的人对于配偶的选择会过度考虑母亲的意见，而且寻找的配偶也是像母亲那样能驾驭自己、能让自己服从的。

树在画纸右侧型：

这个位置表示受父亲或者其他男性影响比较多，认可男性，并模仿他们。这也许和绘画者幼年时期缺乏母爱相关。无论出于何种原因，这样的画明显地表现出绘画者对母亲影响的抗拒和愤恨。这种人结婚的时候，男性往往希望自己能找到温柔贤惠并完全顺从自己的对象。即使绘画者是女性，这种树的位置一般也表示出对女性的轻蔑。

树在画纸上方型：

这个人完全不“接地气”，不扎根于现实，觉得现实中的所有事物都是无聊的，而在自我夸张、自我膨胀起来的空想世界中却十分自信。如果说绘画者的这种“自信”在现实中是有迹可循的，比如在现实生活中绘画者的确是个才智突出的人，那么我们可以把这种情况看成他（她）富有创造性的表现。

树在画纸下方型：

把树画在这个位置的人通常会对自己、对周围环境有种不适应的感觉。这个人的想象世界被刻意地缩小了。他没有强大的精神做“督导”，因此没有什么恒定的信念和宏观想法，很多打算和行动都是一时兴起，想起哪出是哪出。有的时候甚至仅仅局限于实际的东西，容易被眼前的琐事束缚。

上下左右型都说完了，该来点儿组合型的东西了：左上、右上、左下、右下。

树在画纸左上方型：

同样，这种画法也是表明绘画者受母亲的影响更多一点儿，在生活中很多时候母亲扮演着支配的角色。但是在这种情况下，绘画者在试图摆脱母亲的支配，实现创造性的改变，所以也在进行着一些精神上的努力。如果在现实生活中是具有才能的人，说明绘画者具有一定的潜力，可能会在美术、音乐等艺术方面获得成功；如若不然，则说明绘画者抱有自己一定能够在艺术上获得巨大成功的空想，实际上是对现实生活的消极被动的逃避。

树在画纸右上方型：

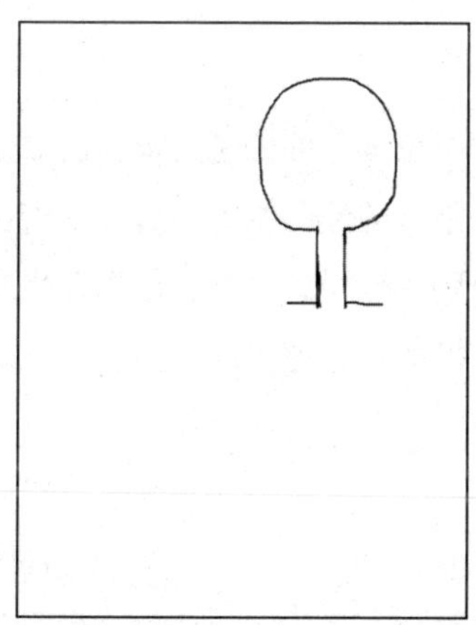

这种画法显示出，父亲的影响对绘画者来说比较大，达到了支配的地位，绘画者会轻蔑所有女性事物。绘画者把自身的能量都用在达到个人成就和独立发展上，因而对女性世界缺少关注。无论男性还是女性，这种画法都显示出绘画者更倾向于从事商业、政治、科学等理性的知识性职业，并怀有巨大的野心。成功的空想被强烈的自我冲动所支持，这个空想就有可能成为人生前进的主要动力。

曾经有两位绘画者画出了这样位置的树，一位是独身的物理学教授，另一位则是学术型的僧侣。

树在画纸左下方型：

据了解，把树画在这个位置上的人还是很少的。这是典型的抑郁和低调的象征，明显同过度支配和强势的母亲相关。这种不安全感，只有得到来自母亲或母亲替代者的肯定和鼓励才能得到改善。他们几乎常常对未来感到恐惧，无法让自己振作向前，他们渴望留在过去。

树在画纸右下方型：

这种位置的树能体现出绘画者将父亲视为英雄，并过度尊崇。画反映出绘画者想要变得与父亲对等的欲望，但同时这个人也感到自己可能永远也达不到这个目标。画出这种树的人保守传统，对新兴事物或者有争议的事物全盘否定，只着眼于当前的具体的事情。由于害怕失败，他们通常逃避考虑未来。大多数情况下，这种人在父亲死后，才能达到世俗的成功和自我肯定。特别是和父亲从事同一工作的人，在父亲为自己准备好今后的发展计划时更是如此。

其中一个绘画者，直到父亲去世都一直活在他的阴影下，但在父亲逝世的同时继承了父亲的事业，也发挥出了不错的管理才能，变得自信起来。

绝大部分的人是在竖着的画纸上画树，只有极少数的人会将画纸横过来，那么……也行。

把画纸横过来，说明绘画者对目前的环境不满。他们常常“自命不凡”，想象着：“周围应该给我提供更好的环境，因为我这么有价值，我没有理由改变自己，而是应该由周围的环境来适应我。”用这种方式画树的人通常会具有利己主义思想，并缺乏可塑性。另外，绘画者如果是年轻人，可能有逃离现实、躲进幻想世界的倾向。

树在画纸左侧型（横版）：

和竖着放的画纸一样，这种画法表现出强烈的母亲的支配。在这种情况下，绘画者几乎和他们的父亲或者父亲的代替者没有任何接触。这种人大多认为自己很优越，一般不和异性建立太多关系，所以和竖着画的绘画者不同，他们不寻求能像母亲一样支配自己的配偶。这样的人在成长的过程中显然得到了母亲过度的“协助”，一般对别人要求比较多。即使偶尔自己也能做到谦让他人，或者帮助他人，也是为了期待他人感激或回报自己。

树在画纸中央型（横版）：

在这样位置画树的人，从父母那里受到的影响几乎相同，多数是被溺爱的独生子或者受宠的家中排行最小的孩子。这样的人能为了让自己有所发展而努力，却总是期待得到大于自己付出的回报。与他人的交往中表现得态度傲慢，但其中也不乏率直友好之人，只要自己能在和他人的交往中维持某种优越感，通常人际关系也能得到一定延续。

树在画纸右侧型（横版）：

除了表示出受到父亲强烈的影响外，这里还有一层特别的意义，这种人心中相信："父亲是个非常好的人，但是自己比父亲还要好。"这种要求非常严格，特别重视自己的成就。如果是男性的话，那么他希望女性崇拜自己；如果是女性的话，则期待有人不断追求和征服自己。画出这种画的人，无论男女，虽然有很强的竞争意识与企图，但缺乏实现这种野心和地位的努力。

与以上"中规中矩"的画法不同，有些人在画树的时候很"冲动"，所以画出的树的位置也比较"另类"，来看看下面几种情况。

树从左向右倾斜型：

只要不是树木倾斜得太明显，都可以把它们看作正常的情况。上面这种画法表示绘画者在儿童时期受到母亲的影响，但随着年龄的增长和人格的成熟，慢慢接受了男性权威的东西。这样的人虽然尊敬并模仿父亲或者其他男性，但也不会绝对拒绝女性事物。

但是如果树木倾斜得非常严重的话，则说明绘画者可能会回避和轻蔑女性。如果绘画者是男性的话，他们对于女性的活动、思想和心理等可以说是既怜悯又藐视。他们认为女性没有男性进化的程度高，没有什么价值可言，有的甚至只把女性看作玩乐的对象，认为女性本质上是妓女或者仆人。在这种情况下，画出极端的从左向右倾斜的树木的男绘画者，往往会存在两种情况：有同性恋倾向，或者是独身主义者。

树从右向左倾斜型：

跟上面的情况一样，如果树木倾斜得不是太厉害的话，对女性绘画者而言，则表现出了她们更能接受女性，更女性化，以及和女性朋友交往很快乐；对男性绘画者而言，说明他们是一群“文艺男青年”，跟其他男人比起来更感性，对艺术、音乐和神秘主义更感兴趣。

如果倾斜特别严重，尤其是树木从根部就开始倾斜，则表示绘画者可能在童年时遭遇过被父亲抛弃，或者拥有很不负责任的父亲。无论如何，至少在潜意识里，他们拒绝所有男性的影响。如果绘画者是女性，她们对男性不抱任何希望和幻想。虽然有时她们也会为欲望不能得到满足而痛苦，但可能是在完全缺乏男性关怀的环境中成长起来的缘故，她们还是对男性明显不信任，渴望完全沉浸在女性的世界中。这样的女性即使结婚了，有了孩子，无论公开还是秘密的，都可能会有明显的同性恋倾向。

几乎没有男性会画出极端的从右向左倾斜的树。

树冠溢出画纸上端型：

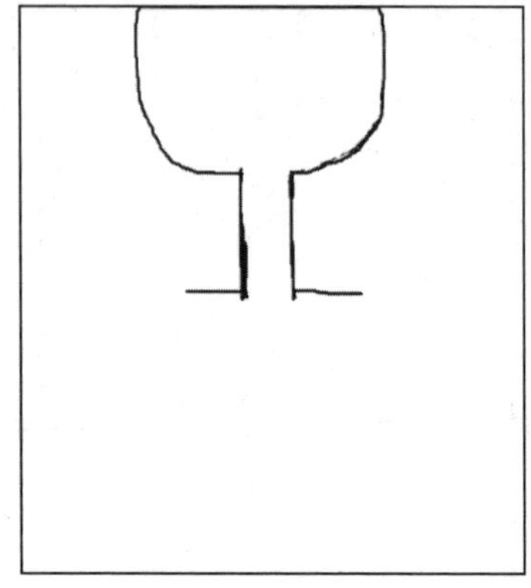

这种画法通常出自年轻人或者心态年轻的人之手。这种人精力旺盛，对未来抱有期望。这种树的位置表现出乐观主义、希望和对自己潜在能力的无限信赖。这种自信与其说是“不识时务”的自大，还不如说是一种天真烂漫的想法。绘画者觉得自己可以征服世界，并热情地追求着自己的目标，有时会忘乎所以，沉浸在自己的“独乐乐”之中，不顾及周围人的感受，执着地将自己的乐天主义渲染开来。

树冠溢出画纸左侧型：

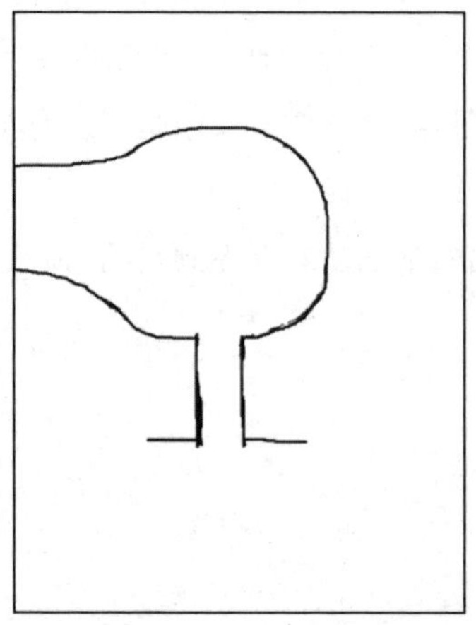

画出这种树的人无论是在感性方面还是理性方面，都容易受到女性的影响。他们对音乐、艺术等方面特别感兴趣。只要是权威的意见，无论来自男女，通通接受。如果绘画者是男性，那么他会不断陷入恋爱之中，把精力都投到感情中，太容易被女性的魅力吸引，容易动情，缺乏理性的控制；如果绘画者是女性，那么她会非常热衷参加关于提升内在涵养和外在形象的女性活动。如果画的其他部分表现不出她有真正的能力，那么她可能是“金玉其外，败絮其中”。比如有的女人热衷参加很多女性组织，认为自己可以最大限度地受到文化熏陶，事实上却是庸俗而无聊的人。

树冠溢出画纸右侧型：

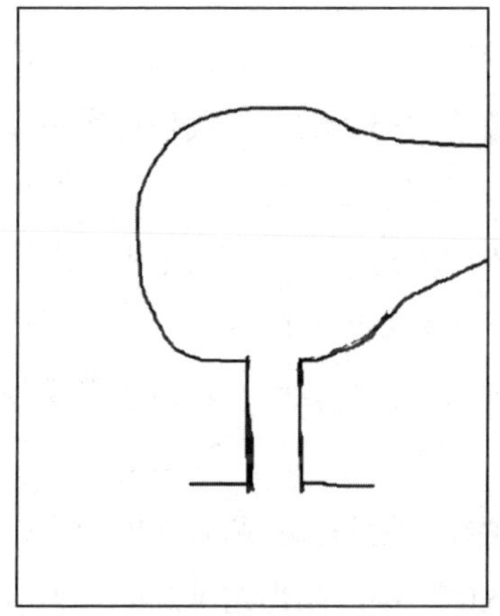

画出这种树的人特别容易受到男性的影响，太相信权威。而且他们多数没有什么主见，人云亦云，只要是发布自权威的信息，不管真假，全盘接受。所以从这一点上来说，他们并不是理性的人。

树冠三个方向全部溢出型：

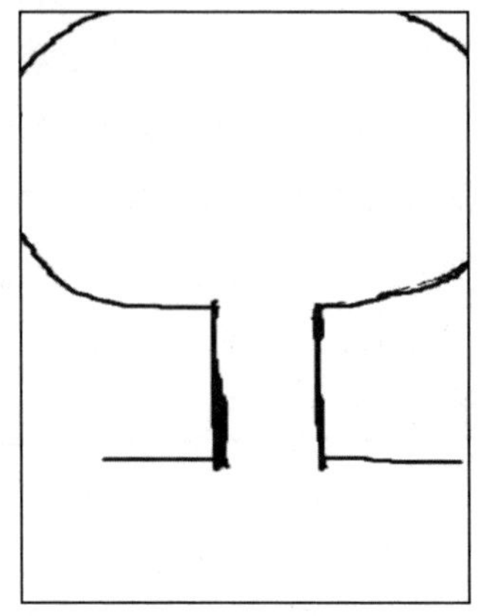

画出这种画的人有着病态的自我中心，或者间歇性发作的暴躁状态。这种人活在自己的幻想中，想象中的成功可以代替现实中真实的成功。同时，绘画者也容易受到来自各个方面的影响，对被“拍马屁”特别受用，因此非常容易受骗，判断不清是非真假。无论在行动上还是思考上，都过分夸大自己。如果绘画者是处在青少年期，那么对他们的评价可以适当缓和一些。因为我们都知道，青春期本来就是“狂暴”而自我的，容易上当受骗和沉溺于空想，这也是青春期比较普遍的现象。

但若是在实际生活中确实是高智商和有才能的人，这种画法则表明了他们具有丰富的想象力和活跃的思维。画出这种画的人大多感情用事，情感丰富温暖，就是人们常说的“真性情”。他们具有很深的同情心，容易与他人产生强烈的共鸣，“路见不平，拔刀相助”便是他们的风格，但同时也有一部分人常常恃才傲物。

到这儿，画纸的讲究就介绍得差不多了。现在我想稍做停歇，单从画纸的层面来分析一下我的画。

大家可能有所发现，我画的树相较常规的小了许多。非常小的树、中等大小的树以及大树，在纸上的意义是不同的。一般来说，与画纸相比，画得非常小的树表示了以下一种或几种意义：感觉自己不重要；世界太大，自己太小，有种被压迫的感觉；对自己以及自己的成绩极端不满足；孤独感。但是很多画小树的人，又表现得非常自信，有时就让人觉得很难理解，所以要综合整幅画的其他因素来看。

结合先前相关的解释，这里能表现出回归子宫的欲望。由于对现实有不适应的感觉而变得被动，不想去应对，抑郁的状况也变得恶化，出现被害妄想的状况。只有来自强大母亲的，或者母亲般的支持才能起到缓解的作用。只要稍微有害怕失去这种保护的恐惧，不安全感就会急剧增加，呈现持续的病态状态。

实际上，画这幅画的时候，我是处于这样一种状态：受到严重的经前期综合征和睡眠问题困扰，社交状态接近“与世隔绝”。如此说来，抑郁是有的，孤独也是真实存在的。

我担心很多事情，害怕搞砸，焦虑的程度很高。有一点形容得很到位，就是回归子宫。回归子宫是寻求保护和安宁的，是种隐藏和逃避。在这种状态下，我曾不止一次地感到接受不了现实的压力，想放弃，想找到一处地方躲起来。

树的讲究

相对纸而言，树的情况就要复杂得多了。树代表着绘画者本身，一万个人就会有一万种树的画法——

就像开头说过的，树分树冠、树干和树根三部分，这跟画纸分为精神领域、情绪领域和本能领域是相对应的。见下图便知：

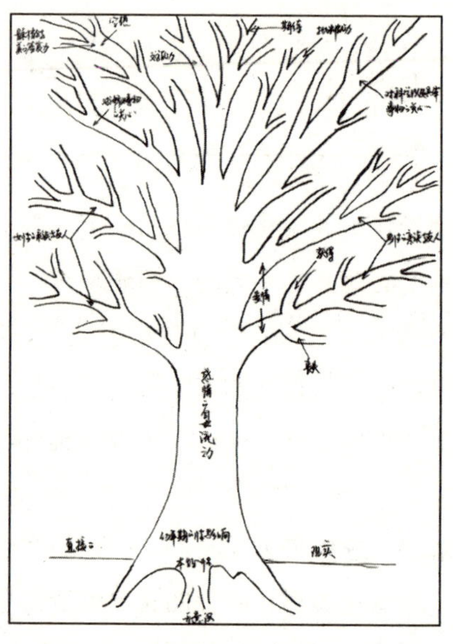

由于树冠在三者中能够反映出的信息最多，我们先从树冠说起。

树冠最擅长表现的便是绘画者的人际关系，同时也能看出绘画者的精神和智力发展到什么程度，都对什么感兴趣，想达到什么样的目标，得到什么样的满足，等等。

尤其是树冠中的树枝。我们都知道树枝在树中的作用，是把养分传递到需要的地方。那么画中树枝的作用，也是象征了能量的流动，将能量传递到各部分，可以表示绘画者与他人互动的情况。

在图中可以看出，上方的树枝表示了思想的流动、思考方式、特殊才能、创造力的表现等，下方的树枝表示绘画者生活中的经历、人际关系、人生态度等。

其中，在树冠的右下部分有两个以“感情”命名的较大的树枝。这表示，一般情况下，无论绘画者是男是女，同异性的情感经验都在树木的右侧有所记录，包括：过往和最近的情感、现在的婚姻、绘画者的生活计划等。向下发展的小树枝代表着“丧失”，指生活中的失去与失败；向上发展的小树枝则代表着“获得”，指生活中的得到与成功。

也许有人会问，如果我分析的对象没画树枝怎么办？那就像我上面画的树一样呗，正好省事了，不用分析那么多！但是树枝能够透露的信息很多，所以如果你真想好好了解这个人，我建议你再给他（她）一张纸，鼓励他（她）再画一棵有树枝的树。

现实中的树干是扎根大地、从土地中汲取营养的树根和吸收阳光能量的树冠之间的桥梁和通道。而画中的树干也象征了这一点，它通过情感的流动连接了人的本能领域和精神领域。

而对于树根，自不用说，它代表了人的本能和无意识。

下面来看看树冠、树干和树根三者之间的关系。

最理想的情况就是树冠、树干和树根三个部分相互协调，没有某个部分被特地强调。比如这样：

但是这里要考虑到树的种类，如果某种树天生就有其中一部分长得特别突出，那就不能认为绘画者是想突出树的那一部分。而且对大多数人来说，就算没有画出树根，只要树干和树冠表现得协调平衡，就不能说他们是特地强调了树干和树冠。

有的树特地强调了树根，比如像下面这样：

画出这种树的人，如果画中表现的其他信息是肯定的，那么基本上还是比较健康的，只是有些过于关注本能和性的问题，或者只关注眼前琐碎的小事，没有“大局观”。但是如果画中表现出的其他信息也是否定的，那么就可以理解成这个人的本我过于强大，自我和超我很难控制它。他们生活中的一点一滴都过多地受到本能性冲动的支配，尤其是一些歪曲的、倒错的性冲动。因为无意识在主导他们的行为中占了上风，他们常常会“无理取闹”。

当根部强调得太明显时，这个人的感情通常比较肤浅和淡漠，理性的思维能力也被“软禁”了，对自己的未来常常感到有心无力。

有的树特地强调了树干，像下面这样：

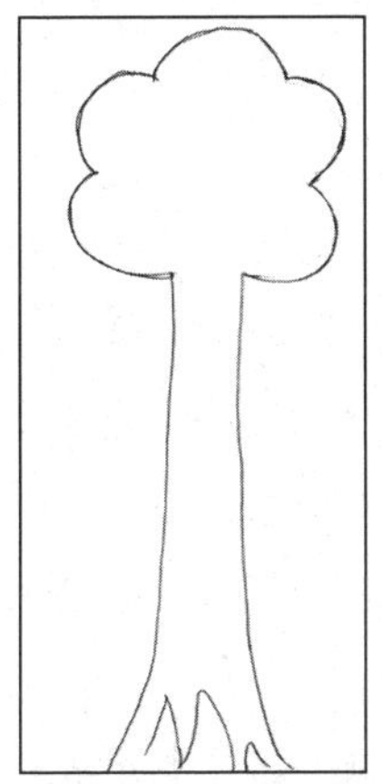

大家一定都见过幼儿园小朋友的画，在六七岁之前的儿童的画中，几乎都过分强调了树干。我们知道树干代表了情绪领域，因为孩子还小，他们的性能力和精神领域还没有得到成熟的发展，所以才画出了这样的树，因为他们很“情绪化”。

但是，如果一个成年人把树画成这样，说明什么呢？我们就不难理解为，该绘画者的情绪不成熟，欠缺自我控制能力，容易被情绪左右。如果是男性，会表现为粗鲁、蛮横和性情急躁；如果是女性，则容易对一些微不足道的小事感到兴奋，经常“大惊小怪”，充满孩子气，不善于控制自己。

有的树特地强调了树冠，比如：

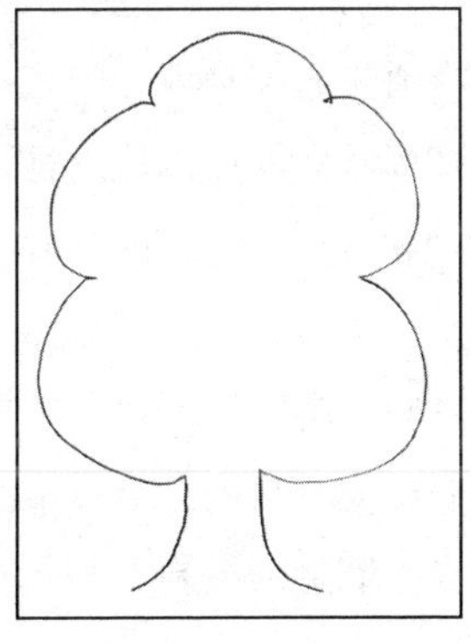

这种树通常表现了绘画者对自己的关心，常常高估自己的精神力量。这种人的情绪表达被分析和理性的思维替代，一般情况下不会“意气用事”。

到此，我想喊一声“卡”！

因为树的样子实在太复杂了，比如各部分的长短、大小、粗细、方向，甚至具体到树上的每个特殊记号、阴影、线条的画法，都是有讲究的。如果在这里要全部描述一遍，我“恕难从命”。这就是本抛砖引玉的书，用一章的篇幅讲完一整门学科不现实。那接下来怎么办呢？我想到了一个主意，就以我画的树为例子，围绕着它的特点做一些介绍，也好让大家管中窥豹。

根据我画的树，我发现它是下面几个元素的组合：

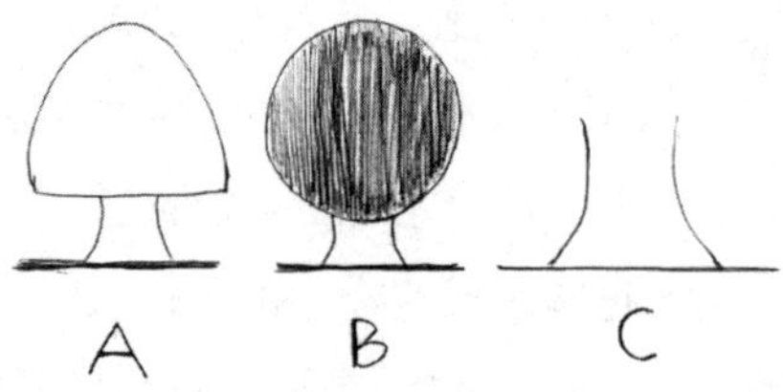

先来看元素 A，毋庸置疑，我画的树的树冠确实像个蘑菇。这种蘑菇形的树冠给人的感觉是，绘画者想要将自己从外部世界中保护起来，表现出了很强烈的收敛倾向。他们通常有很敏感的自尊心和羞耻心。尽管某件事是靠自己的真实能力办到并成功的，也常常会关注过程中自己不足的地方，因此他们需要很多的支持和称赞。（我原来是这么“谦虚”的一个人啊。）

再来看元素 B，这是我描画树冠茂密程度的风格——用与树干平行的线条填充树冠。这是一种轻微的抑郁倾向的标志。这种画法表示自己在拥有自信的同时，又有意识地采取某些巧妙的方法使自己的内心冲动不外露。（“低调”，还是太“低调”了。）

最后看元素 C，我在画树的时候，没有画出树根，但画出了地面线。未画出树根，并且地面线将树干根部完全封闭，可以推测绘画者有着相当复杂的内在驱动力。感觉到安定，对自身能量的控制方面具有自信的人容易画出这样的画。这个人在意识水平上没有感觉到自己容易受到伤害，因此彻底否定了本能能量的重要性。这样做反而因为“轻敌”，容易被本能从暗处所伤。

在对我的画做出全面的总结性的分析之前，我需要完成“画的解析”的最后工作——

纸树合一

讲完了纸，又讲完了树，现在要做的就是把它们放到一起，从综合的层面来做分析。走你！

先来看一个简单点儿的例子：

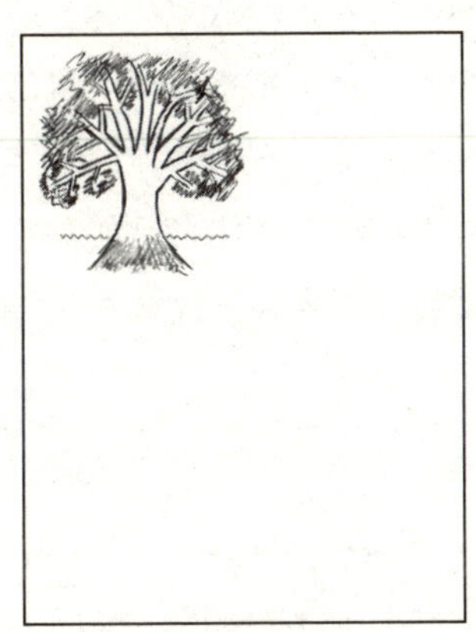

拿到这幅画的第一印象是，树只占据画纸的左上部分，留下了其他部分大片的空白。树木本身画得很协调，枝繁叶茂的。与大部分画不一样的是，这个人还突出了树根部分，而且描画得比较详细。从整体上我们看不出这幅画有什么混乱之处，富有能量，比较平衡健康。

接着我们从画纸的角度来分析。

左上角的树木位置，可以解释为这个人有意开发自己的精神世界，创造出一些艺术方面的成就，并为之努力着。从这个位置上来看，这个人完全忽略了情绪领域和本能领域。

然后再从树的角度分析。

我们从树木的画法可以发现，这个人是充分察觉到了自己的情绪和本能的，因为他（她）特地描画了树根。而且协调的树木结构也表现出在他（她）的本能、情绪与精神领域三者之间，心理能量的流动是很通畅良好的，也说明他（她）没有太大的内心痛苦与冲突。

最后，将纸与树结合在一起，我们可以发现绘画者其实是一个自控力特别强的人！

为什么这么说？因为前面说过，树代表了绘画者个人内在的东西，树的描画体现出他（她）对自己的情绪和本能认识很深。而画纸代表了绘画者所处的外在环境，画纸的分析说明他（她）刻意忽略了自己的情绪和本能。这两个层面的矛盾则说明他（她）不允许自己的情绪和本能与现实环境的角色相抵触。在现实生活中，他（她）可以成功抑制住自己的欲望，不为之所控，不表露在外。能做到这一点的，不是自控力强大是什么？

再来看个复杂点儿的例子：

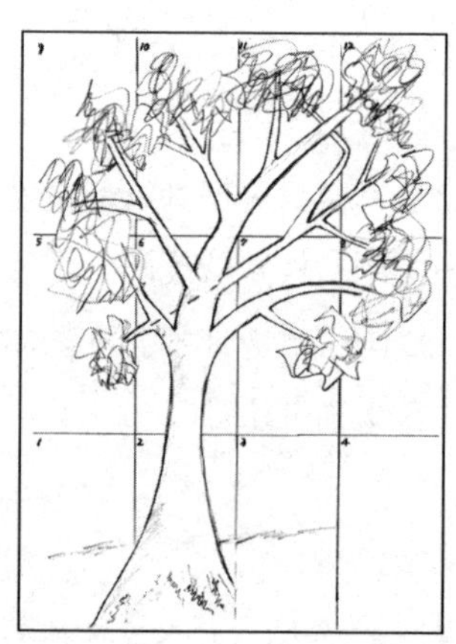

还是老步骤，先整体看一下。

这棵树占据了整张画纸，树的三个部分（树根、树干、树冠）都表现得比较充分。树身微向右倾斜，树枝的走向和叶子的分布合理。虽然画中透露出一股“较劲”的感觉，部分细节也会给人“似有隐情”的意味，但总的来说这幅画还是比较和谐的，能量的流通也比较顺畅。

纸的层面：

在纸上标出各区域以后会发现，这棵树实际上是从右偏向左侧的。因此，该绘画者在生活中受母亲和女性的影响比较多。像前面说过的，母亲会过度支配他生活中的方方面面。（实际上，这幅画的作者是一位 26 岁的男性研究生。他和姐姐以及双胞胎妹妹一起被丧夫的母亲抚养长大。）

很明显，树的整体，尤其是树冠向右边偏去，这说明绘画者想摆脱母亲和女性对自己的支配和束缚（他生活中的一些方面确实受到母亲和姐姐的干涉），以及对她们的依赖。他想提高自己的生存技能，让自己在社会上有竞争力，能够独立自由地生存。

而且看他向右倾斜的树枝走向，主要占据了区域 11 和区域 12，这说明他拥有对人生进行挑战的进取姿态，以及对自然科学表现出的浓厚兴趣。

树的层面：

前面说过，树冠的下方两侧树枝的情况能表现绘画者的人际关系。尤其是右侧，能够说明绘画者与异性的情感经验；而左侧的树枝则代表他与母亲、姐姐和双胞胎妹妹的关系。现在图中树的右侧有两根向下“耷拉”的小树枝，意味着“丧失”，说明绘画者曾有过两次失败的感情经历。我们用一条虚线可以连通左右两侧的树枝，这说明在他的第二次感情经历中，母亲做了过多的干涉与阻挠，以致他跟女友的关系遭到破坏，以分手告终。

但是在右侧，从下往上数的第三根树枝中，出现了“昂首向上”发展的树杈。这说明了他对自身的肯定，以及不想再任别人摆布，凡事能给自己做主，变得更加“爷们儿”的心态。这也和他正在顺利进行的第三段感情有关。（他交代说，尽管母亲对他的第三段感情仍颇有微词，但这一次他会坚持自己的想法，不再动摇。）

而从树根我们也可以看出，绘画者对周围环境（母亲和姐妹对待自己的方式）的抗议，以及从童年开始的对女性影响的反抗。

综合层面：

由于这幅画的特殊位置——树的三个部分正好对应纸的三个部分，所以画纸层面的解释与树层面的解释相吻合，没有冲突。整合在一起后，恰好是综合层面的解释。

最后，终于可以来完整地解析一下我画的树了。我把先前每个层面分析出的要点都列在了下面：

从整体上看，我的画的特点是：

1. 躲藏；
2. 寻求保护；
3. 能量流通不畅，被压抑；
4. 刻意强调树冠。

从纸的层面看，我的画反映出：

1. 逃避；
2. 抑郁；
3. 恐惧；
4. 寻求保护；
5. 夸大本能能量。

从树的层面看，我的画反映出：

1. 寻求保护、敏感；
2. 抑郁；

3. 隐藏自己内部力量；
4. 蓄势待发的内部驱动力；
5. 自信；
6. 不自信；
7. 忽略本能能量。

这样一来，整个答案就非常清晰明了了：看似压抑和平静的画面下，实则正在进行着一场激烈复杂的心理恶斗。

我至少正同时面临着两场“战争”，一场是自己与外界的交恶，一场是自己与自己的争斗。

与外界的交恶体现在，在纸的层面我将树画在了最下面，夸大了本能的力量；而在树的层面，我夸大了树冠部分，隐藏和封闭了树根，忽略了本能的力量。

这种矛盾说明，我在现实生活中遭遇了逆境，内心受到了打击，“傲娇”的精神领域不得不暂时臣服于本能领域，甚至渴望躲回母亲的子宫里，以求自保。

但是我显然不甘心就这样一蹶不振，树的画法“暴露”出了我内心中正在慢慢积累和小心压抑着的心理能量。“臣服”只是障眼法，实则以退为进，随时准备“东山再起”。

与自己的争斗体现在，树的画法中所表现出的时而自信、时而不自信。

如果不是遭遇外界如此巨大的逆境，我体内的这两种矛盾的力量也许不会暴露得这么明显，斗争得如此激烈——它们就是我先天的自卑与后天的自信。也许是童年的经历，造成了我骨子里的自卑情结。而在以后的人格发展中，我又靠各种后天的努力赢得成功，塑造了自信。在平静的日子里，自信总是会占上风一些，然而，一旦遭到巨大事件的震荡，先天的自卑便会晃晃悠悠地钻出来，质问后天的自信，哪个才是宿主的真实面目？！

而我要做的便是不能迷失自己，要用后天的自信击败先天的自卑。单独打好其中一场“战争”就不是件容易的事，何况此时正面临着内外夹击的情况。难怪我抑郁的情绪就像天空中厚重的雾霾，笼罩着我久久不散。如果用一句话来总结我画中表现出的状态，那便是：努力摆脱逆境，试图战胜自己！

我的画就解析完了，那么，你的呢？

第九章

死亡是一生中最大的高潮

——临终关怀

HARDCORE
PSYCHOLOGY

很久很久以前，有一个年轻的女人生了一个儿子，但是这个孩子生来就不能走路，很快就死去了。这个女人非常悲痛，带着儿子的尸体挨家挨户地求人，希望有人能给她良药，将孩子救活。当走到一幢房子门前时，一位老人告诉她："我给你指条明路，你去找这个人，他可以救孩子。"那个人便是佛祖释迦牟尼。

于是女人去找佛祖，向他讨救孩子的药。佛祖说他的确知道一种药，但是需要她从村里从来没死过人的家中拿一点儿芥菜种子来配药才可以。于是，这个女人又挨家挨户地找，但是都无功而返，因为没有一个家庭没死过人！

然后她开始思考，终于明白世上的所有东西都不是永恒的，最终都会走向消亡。在办完儿子的葬礼后，这个女人来找佛祖。佛祖问她："我要的东西你找到了吗？"她说没有，但是她现在明白了所有的人都会死的。最后佛祖指着墙上的灯对她说道："所有的生物都和这灯一样，有生有灭。"

佛语有云：向死而生。

人从出生开始，分分钟无不是赶着奔向死亡的怀抱，没有生死，便没有人生。

在地球上任何地方，我们都逃不掉死神的追赶，它像一团迷雾，如影随形。在死神面前，只有两件事是可以肯定的：一、我们总有一天会死；二、我们不知道何时何地如何死。也正是因为我们不知道何时何地如何死，才常常把这个当作借口，不敢正视死亡。就像被人追赶的鸵鸟，自顾自地把头埋进沙里，遮蔽了视线，就以为不会被人发现。

对此，一位上师曾说道：

计划未来就像在干枯的深渊里钓鱼，
再怎么努力都不能尽合汝意，
还是放下一切计谋野心吧！
如果你要思考些什么的话——
请想想你飘浮不定的死期……

再这么逃下去也不是事，不如我们今天干脆就在这里暂且停下，会一会这个一路不停歇地追赶我们的家伙——死亡。

真的怕死

佛又说，人之所以痛苦，在于追求了错误的东西。我们都知道，人有生的本能，亦有死的本能。从心理学层面来说，人之所以痛苦，是因为无处不在的死亡恐惧。

我们用从出生到现在结识的人、学到的知识、有过的经验和美好的回忆等一点一滴，建成了我们的人生大厦，然而顷刻间，它就被死神夷为平地，这事估计放谁身上都接受不了。不仅如此，它还要把我们扔到一个一无所有的深渊里，任我们在那里浑浑噩噩，孤独煎熬，没有家人，没有朋友，没有任何人。面对如此“蛮横”的强大对手，你辩不过，也打不过，唯一能做的就是撒丫子就跑，能够逃脱已是天大的幸运！难怪人们逃避面对死亡，还不是因为怕它怕得要死。

那么我们是从什么时候开始恐惧死亡的呢？要追寻这个问题的答案，这里不得不提到一个人——让·皮亚杰。

皮亚杰是现代最有名的儿童心理学家，他在这个领域里最经典也最著名的贡献，就是他的“认知发展理论”！

什么是认知发展理论？在我们不断长大的过程中，除了身体在发育，思维和认知也在“长个儿”。所以皮老头就根据思维和认知的“生长”情况，将它按年龄划分成了四个阶段：

0～2 岁——感知运动阶段

2～7 岁——前运算思维阶段

7～12 岁——具体运算思维阶段

12～15 岁——形式运算思维阶段

“感知运动阶段”时我们还是小婴儿，其实也算是个“小白痴”，因为整天除了吃就是睡，再者就是咿咿呀呀。这会儿跟我们谈论生死，那简直就跟同一株植物讲哲学没什么两样。

虽然这时我们达不到如此高的人生境界，但并不代表我们一事无成。因为在这个阶段我们演化出了一个非常重要的东西——“客体永存性”！

啥叫“客体永存性”呢？

一般在半岁之前，如果父母把我们单独留在房间里然后离开了，我们不会觉得他们有可能在另一个房间里，而会认为他们真的“没了”——从视野里消失了的东西就是不存在了。因此那会儿我们特别“冷酷”——眼不见，心不想，一切都随风而去吧……

但是半岁以后，我们会慢慢意识到，视野里不存在的东西也许在现实中还是存在的。我们会用视线追随着物体的移动，当物体消失时，我们会吃惊，会急着去寻找——眼不见，心还想。这种能意识到物体看不见并不代表它们不存在的想法，便是“客体永存性”了！

所以即使在年幼的“小白痴”阶段，一样东西的消失，或者亲人的离世，也会勾起我们心中的层层涟漪，尽管那时候的我们很懵懂。

到了“前运算思维阶段”，2～7岁，我们的语言能力得到了飞速发展，能用一些符号，比如文字和图形来表达自己的想法。虽然这会儿不再是“小白痴”，但是我们还有点儿“傻兮兮”，最明显的地方就表现在思维的片面和自我上。

为了揭示思维“片面”这个特点，皮老头还特地做了一个著名的实验，名字叫“守恒”。

摆在小孩儿面前的是两杯同样多的液体，只不过将其中一杯换了一个细而长的杯子来装。这会儿小孩儿就“糊涂”了，因为他们的思维具有片面性，意识不到液体是“守恒”的，只看到高杯中的液体比较高，却看不到它同时也比较细，所以小孩儿就硬说高杯子里的液体要更多一点儿！

也正是因为这种片面性，这个阶段的小孩儿更多关注的是事物的表面和部分，而不能从深层次和整体上思考。比如下面这种情况：

一个5岁的儿童目睹了自己的弟弟惨死——被卡车碾过了头部导致丧命，所描绘出的当时事故现场的情景。他画出了卡车的四只轮子，弟弟的头画在最右边的那只车轮的旁边。

在家里守灵的父母问幸免于难的他：“如果在放有弟弟遗体的家里守夜，你有什么想法？”他的回答却是：“弟弟看起来是受伤了吗？他疼吗？”在他画完这幅画以后，他还曾跟父母说过：“我睡不着，因为我想不出来我的头的样子。”

这名儿童的回答就反映出，他只能意识到局部的问题（弟弟的头没了），却无法把这同整体（因此导致丧命）联系起来。不过，能够把这些令人不安的形象通过绘画的形式具体表现出来，了解“投射理论”的人都知道，这对于帮助这个孩子应对其弟弟惨死的创伤性经历，是具有治疗价值的。

而对思维的自我性来说，则体现在这时我们是站在自己的角度思考别人，认为别人的想法应该与自己的想法完全一致，不存在有差异的情况，“我思故你在”。

曾经有一项研究要求孩子们回答跟死亡有关的问题，其中一个问题是：什么使生物死去？

处于前运算思维阶段的儿童就使用了奇幻和自我的思维来推测了死亡的现实原因，下面是其中几个回答：

> 小 A：“当他们吃了坏东西的时候，比如你跟着一个陌生人走，他们让你吃了一根有毒的棒棒糖。”研究人员问：“还有别的原因吗？”“有，如果你吞下一只脏蟑螂也会死的。”
>
> 小 B：“他们吃毒药、毒品和镇静剂。所以你最好等你妈妈给你解药吃。”研究人员问：“还有别的原因吗？”“喝了有毒的水或者一个人去游泳。”
>
> 小 C：“如果你逮住一只鸟，它可能真的生病死去。”研究人员问：“还有别的原因吗？”“它们还有可能吃错了食物，比如铝箔。”

而到了“具体运算思维阶段”，我们的思维比前运算思维阶段变得更成熟，克服了“片面性”，“自我中心”的程度也下降，还能够用符号进行富有逻辑的思考，比如分类、数字处理、时间和空间的变通。这会儿再被问到上面的那个问题：“什么使生物死去？”可以看出此时回答的不同：

小 A:“刀子、箭、枪和许多东西。你要我告诉你所有的方式吗?”研究人员道:“你尽量说。”“短柄斧子和动物，还有火和炸药也是。”

小 B:“癌症、心脏病发作、中毒、枪支、子弹，或者如果有人丢下一块大石头砸在你头上。”

小 C:“事故、汽车、枪支或者刀子。上了年纪、生病、吸毒或者淹死。”

最后，当走到皮老头的“认知发展理论”的最后一个阶段——“形式运算思维阶段”时，我们已经是翩翩少年和纤纤少女了。这时我们不仅可以进行逻辑思考，更高级的抽象思维也诞生了！正所谓“重剑无锋，大巧不工”，抽象思维可以使我们的思维变得更有弹性，也更复杂，能够对事情提出合理的假设并进行验证，知道事情有多种可能性……就像在象棋比赛中，棋手不必动棋盘上的“一兵一卒”，就能想出多步复杂的策略，并预见到每一步可能的结果。

如果现在再被问道:“什么使生物死去?”回答则会是:

小 A:“你的意思是身体意义上的死亡?（研究人员道:“对。”）那是我们体内一个生命器官或者生命力的毁灭。”

小 B:“他们老了，他们的身体全部磨损了，而且他们的器官不再像过去那样起作用了。”

小 C:“当心跳停止、血液不再循环的时候，你停止呼吸了，那就是死了。”

能看出，到了最后的发展阶段，我们对死亡的理解已经很成熟了。所以，要说在青春期之前死亡的恐惧都还藏在潜意识深处的话，那么进入青春期以后，死亡的焦虑便大规模爆发了！就像蝉的幼虫在地下潜伏 10 年左右，终于等到破土而出的那一刻，从此，死亡的恐惧便是人生的背景音乐，会一直萦绕左右，直至生命终结。

下面便是一位32岁的女性在死亡恐惧爆发时的真实描述：

最强烈的感觉来自意识到此刻的“我”就要死了，而不是以后那个老去的“我”，或是一时生病最终才会死去的“我”。我总是拐弯抹角地想到死，仿佛死亡“马上”发生而不是“将要”发生。在这种恐慌大爆发的几个星期内，我开始比以往更加强烈地想到死，那不再只是可能发生的事情，而是注定要发生的事情。好像大梦初醒，看到可怕的真相，我再也回不到过去了。

我开始深切地体会到一种无意义的感觉，我们所做的一切注定都会被遗忘，连整个星球最终都会归于尘土。我想到父母、兄妹、爱人和朋友们的死亡，想到有一天我的脑壳和骨头脱离身体，不再属于我。这些想法实在令我不知所措，我无法相信自己死后会变成某种脱离身体的存在，因此也没法用所谓的灵魂不朽来安慰自己。

跟这位女士直白的表露有所不同的是，有些人非常“害羞”，他们把对死亡的恐惧隐藏在其他症状背后，你需要用心挖掘才能识别出来。比如像下面这种情况：

苏大姐是一名人过中年、循规蹈矩又很能干的注册会计师。一天，她找到心理医生，哭哭啼啼并有些迟疑地讲述了自己的故事。原来，她已经成年的儿子小乔，原先有一份很好的工作，也很有责任感，现在却因为吸毒被关进了戒毒所。

苏大姐已经整整四天哭个不停了，她吃不下，睡不着，更别提去上班了，这也是她20多年来第一次无法正常工作。一到晚上，她便被头脑中儿子的可怕下场折磨着——小乔贪婪地从一个棕色纸袋裹着的瓶子里吸食毒品，衣衫褴褛，满嘴烂牙，最终死在阴沟旁边。

“他会因为吸毒而死的。”苏大姐不停地对心理医生说。当看到儿子小时候的照片时她几近崩溃，那时的小乔是个小天使，有着天真的笑容和会说话的大眼睛，更重要的是那时小乔的未来有着无限美好的可能。

“他为什么要这样对我？”苏大姐追问着，“这是一种背叛，他故意破坏我为他安排的人生道路！除此之外还能有别的解释吗？难道我没有给他应有的一切？为了让他成功，我甚至帮他铺好人生道路上的每一块砖！我给他最好的教育，教他学网球、学钢琴、学骑马，而他呢？他是怎样报答我的？如果让我的朋友们知道了，我该有多丢人！”想到朋友们的孩子都是那么成功，苏大姐难掩内心的嫉妒。

针对这些情况，心理医生提醒了她一些她自己也清楚的事实，比如“儿子将死在阴沟里”的想法是非理性的，除非大灾难爆发，否则基本上是不可能的。事实上，小乔在戒毒方面已经取得了很大的进步，他已经被允许每个月回家调养一个星期，而且儿子毒瘾复发与她的关系不大。还有值得一提的一点是，苏大姐的丈夫并没有像她这样过度关注儿子。

那么，为什么小乔成了苏大姐生活中如此重要的中心呢？的确，那是她的儿子，当然对她很重要，但小乔对她来说太过重要了，就好像她的整个人生完全取决于小乔是否能成功。于是心理医生对她说到一个观点：“许多父母通过孩子让自己的生命不朽。”苏大姐听了很感兴趣，她也承认，曾希望通过儿子来延续自己的生命，不过她现在放弃了这个念头，因为小乔并不能胜任这份重任。

在谈话快要结束的时候，心理医生发现她脖子上有几圈绷带，便顺口询问是怎么回事。苏大姐说那是她最近刚刚做了颈部拉皮手术，并显得不耐烦，想把话题重新转到小乔身上。但是心理医生像抓住了什么，不想让机会就这么溜走，于是继续追问：

“我想听听看，是什么让你决定做美容手术？”

“好吧，我痛恨岁月在我身上留下的痕迹——我的胸部，我的脸，尤其是我松弛的脖子。拉皮手术是我给自己的生日礼物。”

“生日？”

“对，上星期的60大寿。”

现在问题终于浮出了水面，心理医生接着说道：

“我的确感觉到你的焦虑有些多余，毕竟你心里已经很清楚地知道，在戒毒过程中复发是很普遍的，你为什么还会揪着这个痛苦不放？我认为你的焦虑部分来自其他方面，只不过你借着这个当口儿，把它们都转移到了小乔身上。”

苏大姐沉默着点了点头，心理医生于是继续往下说：“我认为你的许多焦虑是关于自己的，而不是小乔的。这和你的60大寿有关，因为你意识到自己的衰老和死亡。在你内心深处一定在思考着一些重要的问题，比如你今后的生活将如何安排？什么才是有意义的？尤其在你意识到小乔不能成为你的接班人之后，这些问题更加被提上议程。”

听完心理医生的话，苏大姐脸色一变，沉思了一会儿，说道：“我还没怎么想过衰老、时间不等人这些，但听你这么说，我觉得我有点儿明白你的意思。我现在无法想象你的话将会在多大程度上影响我，但是刚才的十几分钟里你完全抓住了我的注意力。这是过去的四天里，我的头脑没有被儿子占据的最长一段时间……”

接下来的几个星期，心理医生和苏大姐更多地探讨她自己的生活而不是小乔的问题，而她对于儿子小乔的焦虑也奇迹般地消失了。

死神五部曲

美剧《美国恐怖故事》第二季中，经常会看到这样一幕，当一个人快要死的时候，他的身边就会出现一位老妪——一身黑衣，头戴黑色面纱，背后展着巨大的黑色翅膀。这个老妪便是死神。死神来到垂死的人身边轻唤着他，安抚着他，带他上路……

而在我们现实生活中，每个见到死神老妪——即知道自己不久于人世的人，都会希望听到人生的最后一支“曲子”——《死神五部曲》，来得以解脱。

在一家医院里，一位年近70的女士罹患宫颈癌，已经临近生命终点。她的女儿每天都会来探视，两人的关系似乎很好。可当女儿离开后，她总是孤零零地坐着哭泣。过了很久人们才知道其中原委：她女儿完全不肯接受她即将死亡的事实，总是鼓励母亲“往积极的方面想”，希望能借此治好癌症。结果这位女士必须把她的想法、深度恐惧、痛苦和忧伤闷在心里，没有人可以分担，没有人和她探讨这些问题，更没有人帮助她了解生命，发现死亡的意义——没有人让她奏响《死神五部曲》。

为了避免上面这位女士的遗憾，接下来我要在这里介绍一下死神的这五部曲：

“人对他自己建筑起堤防来”——否认

大多数人在得知自己身患绝症命不久矣的时候，第一反应往往是：“不！不是我！这绝对不可能！”这是人们踏上将死之路必须要经历的第一步。还记得我们的心理卫士“防御机制”吗？这也许是它为我们做的最后一件事了。

当现实的情况太糟糕，一时超出了我们心理的承受范围，我们便会本能地求助于“否认”，坚称已经发生的事实不是自己亲眼看见的那样，“你们都看错了”。拒绝接受。就像一位丈夫在被妻子抛弃以后，还继续在晚餐桌上为妻子留出位子，坚信她随时会回到自己身边。因为，相比承认被妻子抛弃这个事实，不“相信”妻子真的离开，会让他感到舒服一些。在这个过程中，“否认”的程度会慢慢降低，这位男性会慢慢接受他妻子再也不会回来的现实。所以“否认”相当于为人们提供了一个心理缓冲带，人们才不至于在面对突如其来的噩耗时被击垮。这也可以解释为什么一个人可以一天抽两包烟却不担心自己的健康问题，因为他们否认香烟会对自己造成伤害，或者否认自己想活得长久和健康的愿望。

因此很多绝症患者在得知自己的病情时会说：“一定是误诊！”或者说：“检查报告写错了名字！”当这些假设被一一否定后，患者会立刻要求出院，遍访名医，一遍一遍重复做着相同的检查，希望从其他医生那里得到“正确”的解释。

极端的情况是，有些人甚至选择将“否定”进行到底，直至生命终结。就像下面这样：

这位病人是个孑然一身的中年妇女，患有明显的溃疡性乳腺癌，却拒绝面对。尽管如此，她的身体却每况愈下，不得不接受生病的事实，最终还是住院接受治疗。手术前，她跟身边的人说："只是个小手术，不过是切掉伤口的一小部分，这样才能让它更好地恢复。"她还表示，只希望了解手术的细节，而不是"伤口的情况"。她抵触与医护人员沟通，因为害怕他们谈到她癌症恶化的情况，从而摧垮她的心理防线。

随着身体状况的恶化，她化的妆也越发古怪。一开始还只是偶尔涂抹一些胭脂口红，后来她的妆容越来越红，越来越艳丽，直到整张脸变得像个小丑。她的穿着也同样随着死亡的逼近越来越鲜艳夺目、五颜六色……在最后的日子里，她尽可能地不去照镜子，但仍然坚持浓妆艳抹，仿佛这样就能掩盖她日益增添的忧愁和迅速枯萎的外表。当志愿者问她是否需要帮助时，她总是回答说："明天再来吧。"刻意回避自己来日不多的现实。

"我想我再也坚持不住了。"这是她的临终遗言，不到一个小时，她就离开了人世。

我们需要了解这种"否认"心理，并不是说一定非得明确告诉病人他们已经无药可救了。首先我们得知道病人的需要是什么，他们不想放弃的是什么，他们性格中的优势和弱点是什么，然后通过交谈和察言观色，来判断病人在某一阶段对现实的接受程度有多少，再一点儿一点儿地渗透。有的病人不接受现实，其实是不接受家人或者周围人对他"早死早了"的态度，或者不接受刚刚开始享受孩子们带来的快乐就要离开人世的遗憾。静静的陪伴和守候，适当的倾听和理解，给他们时间，让他们从最初的不安和痛苦中解脱出来，不失为最好的方式。

大部分绝症病人并不固执，当修筑好对死亡的心理防线之后，他们就会撤下"否认"这个保护罩，进而步入下一个乐章：

"我们把世界看错了，反说它欺骗我们"——愤怒

你以为度过了最初的"否认"阶段，最难的日子就已经过去了？其实真正

的“狂风暴雨”还未来到。当最初的否认无济于事，愤怒、狂躁、嫉妒和怨恨便随即出现。这时候，病人会自然地想到一个问题：“为什么会是我？！”

一位得知自己肺癌晚期的年轻患者说过：

> 我想所有处在我的位置的人都会看着其他人想：“为什么不是他呢？”有一次我在街上看到一个老头。我从小就认识他，他今年已经82岁了，在常人眼里已经老得不中用了。他有风湿病，走路一瘸一拐，整个人蓬头垢面，是你无论如何也不想变成的样子。当时我就在想，为什么患绝症的不是他呢？

跟否认阶段比起来，愤怒阶段的病人更难对付。因为此时他们心中的愤怒就像一头困兽，四处乱撞，逮谁咬谁。

医生此时在他们眼中都成了十足的废物。“他们根本就不知道应该检查什么、开什么药，总是对病人草草应付了事，一点儿都不考虑病人为看病付出的高昂费用。”护士们就更容易成为发难的靶子，被批得一无是处。要是她们整理了床铺，清洁了枕头，她们就会被说成“不让病人休息”，可要真的不管这些走开，呼叫灯又会亮起来，说是让她们把病床弄舒服一点儿。

这个时期，病人对来探望的家属也是没有一点儿好脸色，不欢迎他们来，见面成了对彼此的折磨。患者家属们要么满脸愁容，眼泪汪汪，要么满腹愧疚，不断自责，又或者尽可能地不来探望，但这样做只会让病人感到更加愤怒和不安，形成恶性循环。

但是，“你只看到我发怒，却不知我为何发怒”。那么病人愤怒背后的根源是什么呢？

假如我们自己的生活被突如其来的灾难打乱，假如由我们一点一滴搭建起的人生大厦顷刻化为乌有，假如我们揣着辛辛苦苦挣来的钱正准备尽情休息、周游世界、充分享受生活的时候，却发现这一切已经与自己无缘了，那么我们一定也会“怒不可遏”“磨刀霍霍向猪羊”！如果不拿那些有可能享受到这一切的人来撒撒气，又怎能安抚自己狂躁的内心呢？“我就是见不得别人好！怎么着吧？把你换作我来试试看啊？！”

在这个时期，病人目睹、接触的一切事物都能给他们带来痛苦。他们打开电视，看见一群快乐的人在跳现代舞，这让他们非常愤怒，因为他们现在举步维艰，每动一下都痛苦不堪。他们看到战争片里有人被无情地射杀，而冷漠的旁观者却在一边尽情地喝酒，他们马上会联想到自己的家人和身边的医护人员……真是想都不敢想，“点点滴滴都是痛”。这时候，病人心里有一股最强音在歇斯底里地呐喊着：“别忘了，我还活着！你们能听到我的声音吗？我还没死呢！”

下面这段对话，发生在一位身患霍奇金氏症的女士去世前3个月的时候，我们从中可以看出她面对死亡时的愤怒。我们在这里就称她为霍霍好了。

霍霍住院的时候，有一个“爱好”，就是串门，从这个病房串到另一个病房，尤其爱探访那些病情严重的病人。她会询问这些病人的需要，然后径直走到护士面前，要求她们立刻满足那些病人的要求。护士对她这种“多管闲事”的做法深恶痛绝，但碍于她也重病缠身，因此敢怒不敢言，唯一的对策就是“三十六计，躲为上计”，减少跟她见面的机会。但越是这样，霍霍就越起劲，闹到最后没有办法，医院方面专门派出一名医生来跟她沟通。

医生：“你为什么要这么做？是别人没有注意到你，你感到愤愤不平，还是觉得别人不关心你？”

霍霍：“其实这并不完全与我个人有关。我只是觉得她们（护士）没经历过，所以根本不懂得疼痛是什么。”

医生：“你感触最深的是疼痛吗？”

霍霍：“当然了！那你说对癌症患者来说，感触最深的是什么？你去问问他们每一个人！亏你还是医生！我最见不得那些护士想尽办法不给癌症病人用止痛剂，美其名曰是怕他们上瘾。要知道那些人根本就活不了多长时间了，哪儿还有什么机会上瘾？癌症病人有权利使用那些止痛的药物，因为你吃不下、睡不着，疼痛就是活着的全部。打了针，至少你能放松下来，你能生存，你还能享受一下生活，你还能说话，你还没死。否则，你就只能像狗一样，绝望地祈求有人来怜悯你，来帮你解除病痛。”

医生：“自从你来到这里一直这样觉得吗？”

霍霍：“是的，是我发现了这一点。我起初认为只在某个护士身上存在这样的问题，后来才发现她们每个人都这样，沆瀣一气，缺乏对疼痛起码的尊重。”

医生：“那你认为是为什么呢？”

霍霍：“我本来以为她们太忙了，后来却发现她们常常聚在一起聊天或是休息，太让人气愤了！有时她们跑去休息，病人就只能大汗淋漓地疼上半个小时才能等到她们回来。而且她们回来后也不会马上去检查一下哪个病人需要吃药，而是在那里接电话，看时间，看医生留下的处方什么的。”

医生：“那你觉得她们该怎么做？”

霍霍：“她们就不应该休息！”

…………

此后医院每天派出一名工作人员来跟她聊会儿天，霍霍便每天在固定的时间里“喋喋不休”一番。但是在其他时候，她再也不串门了，也不骚扰护士了。慢慢地，仿佛化开了心中的块垒，她展现出自己的另一面：一个热心肠、有爱心、有见识的情感丰富的女人。后来，在她弥留之际，越来越多的护士去看望她，陪伴她走完最后的路……

正所谓，“耐得愤怒，好慰人”。这个例子其实也充分说明，面对病人的种种合理或者不合理的愤怒，我们的宽容是多么重要！只有学会聆听病人的诉说，接受他们的愤怒，让他们把痛苦的情绪宣泄出来，他们才能平静地面对死亡的到来。

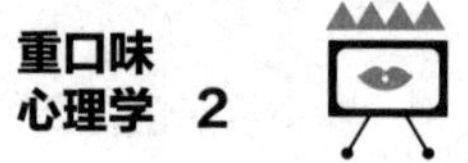

“樵夫的斧头，问树要斧柄，树便给了他”——讨价还价

尽管这一步鲜为人知，却真实存在，而且它还充分显现出了人性中孩子气的可爱一面。为什么这么说呢？看完下面你就会知道。

从一开始我们无法接受令人痛苦的事实，到把怒气撒在别人或者上天身上，接下来我们就该想道：“能不能跟‘上天’好好商量商量，也许它会宽限一下，推迟我的死期？”

对这种想法，我们再熟悉不过了，因为这是小孩子向大人提出请求时常用的逻辑。小孩子想去朋友家过夜，如果得到的回答是“不行”，那么他们可能会气得跳脚，乱扔玩具，或者把自己锁在屋里不理人。但是同时，他们心中也会重新盘算，想其他办法。比如自告奋勇为家里做点儿事，打扫卫生或者刷碗。然后他们会跟大人说：“看我表现得这么乖，你能不能同意让我去呢？”大人们确实有可能心一软，就答应了他们的要求，而在此之前是绝对不可能的。

晚期的绝症病人用的也是这种逻辑。

有一个患者是口腔癌晚期，在患病前她是唱歌剧的，于是她就试着“暗地里”跟上天达成一种协议：“这样吧，老天，我最后再搞一场告别演唱会，就从此‘封嗓’，再也不唱歌了。然后你看在我放弃自己职业生涯的分儿上，再让我多活几年，成不？”而现实情况是，因为癌细胞的侵袭，她下腭和脸部发生了严重的畸变，不可能再登台演唱了。但是，为了表示放弃至爱的坚定决心，她在医院内把病友们召集到一起，当众来了一场演讲，算是把它当作最后的演出。她向众人讲述了她的一生，她的成功与失败……直到一通电话把她叫回病房——为了给她进行放射治疗，医生准备拔光她所有牙齿。她想用“忍痛割爱”的形式来跟上天讨价还价：“看吧，我放弃了自己的歌唱事业，你总得补偿点儿什么给我吧？”

“讨价还价”是病人自欺欺人的安慰，所以每次持续的时间都不会太长，几乎没有病人会真的履行自己当时许下的“承诺”。他们就像是一个孩子在说：“你放了我，我就再也不和姐姐打架了。”毫无疑问，这孩子一定会再跟姐姐打架的，而那个唱歌剧的病人也一定会试图继续演唱。于是，在牙齿被拔光之前她就悄悄离开了医院，因为她根本无法忍受不能表演的生活。

倒是在平时生活中，很多健康的人却“老老实实”地履行跟老天讨价还价中许下的承诺，比如，“我再也不吃肉了，你让我生病的狗多活几年吧！”

“世界在踌躇之心的琴弦上跑过去，奏出忧郁的乐声”——抑郁

今年40岁的李女士，刚被提升为公司副总经理。正春风得意之时，造化弄人，不久前她发现阴道口大阴唇上有一颗黑痣，后来被确诊为恶性程度很高的黑色素瘤。随后她做了局部切除手术，但是腹股沟淋巴已经转移。医生告诉她想彻底控制已没有可能，有条件的话可以做几次化疗，但是意义不大。此后，再来探视她的亲友发现本来开朗、热情的李女士变得整天沉默不语，显得很虚弱，有气无力，夜里经常失眠，需要服用安眠药才能入睡……精神科医生经过会诊后认为李女士患了抑郁症。

当晚期的病人对自己的病情再也无法否认，无力，怒火冲天，更无法置身事外、讨价还价的时候，取而代之的将是一种强烈的失落感——抑郁。

每个垂死之人都有属于自己的抑郁内容：得了乳腺癌的女人会担心切除乳房后身材走样；患了子宫癌的会觉得自己不再是个女人；长期的治疗是个无底洞，多少人倾家荡产到头来也只换得人财两空；因为长期生病不能工作，甚至生活不能自理，家庭怎么支撑，老人怎么照顾，孩子怎么抚养……前面提到的那位歌剧演员，一听说要拔掉全部的牙齿，还不是一下子吓得魂不守舍，既震惊又沮丧。

我们可以把这些抑郁看成是由“遭遇”引起的，它并不少见，也不难理解。面对这种病人，我们的第一反应通常是想让他们高兴起来，劝慰他们凡事要多看看光明的一面，“乳房没有了不是还有乳房修复术嘛，乳房修复术不行，不是还有义乳嘛！”不要总盯着阴暗面，不要失去希望。其实这么做多半也是为了我们自己，因为没有人能够长时间忍受对着一张臭脸，情绪也是会传

染的。

但是，人们往往忽略了一点，那就是病人在等待与这个世界永别的过程中所产生的悲伤——“生死抑郁”。同“遭遇抑郁”比起来，要消除这种抑郁，鼓励和安慰就显得苍白无力又不合时宜：鼓励他们多看看事物光明的一面，等于在说“你们考虑死亡的问题是错误的”。告诉他们不要那么伤心，就更像故意跟他们作对！因为我们每一个人，哪怕失去一位泛泛之交都难免会伤心，对病人而言，他要失去的是生命里深爱的每一样东西和每一个人，是“生人作死别”！这个时候，他们越是能够尽情地发泄和表达自己的悲伤，反而越容易接受死亡。

“遭遇抑郁”的病人有较强的沟通欲望，对他们来说，你需要时刻保持交流的热情，并找到恰当的对话方式。但是“生死抑郁”不同，它更需要的是心灵的交流，所以“生死抑郁”的患者常常表现得很安静，不需要或者极少需要语言表达。这时，手与手轻轻碰触，温柔地梳理病人的头发，或者静静地坐在他们身边，便是最好的支持了。过多的探望和试图让他们“嗨”起来的做法，只会扰乱他们的心绪，适得其反。

“召命已来，我就准备启行了”——接受

如果一个病人有足够的时间（不是猝死），并且在前面得到了一些帮助，那么他最终会进入临死前的最后一步——“接受”。他们好像用尽了生命中最后的情感，那些对活着的人、健康的人或者不必早逝的人的妒忌和愤怒，那些对失去众多精彩事物的不舍和遗憾，那些纠结与崩溃……早已成了明日黄花。此刻，在他们心中，他们已经为自己举行完了葬礼，悼念完毕，剩下的便是默默等待离去的那一刻。就像电影《本杰明·巴顿奇事》里说的：“不顺心的时候，你可以像疯狗一样发狂，可以破口大骂，诅咒命运，但到头来，还是得放手。”

但是接受并不意味着幸福，因为此时，病人几乎已经没有了任何感觉。他们找到了安宁，对一切事物都失去了兴趣。他们希望单独待着，不想被外界打扰。他们不希望有人来探望，无声的交流替代了语言。对病人来说，一次握手，

一个眼神，或者只是静静地靠在枕头上，比许多“叽叽喳喳”的话更有意义。

但是，有时候会出现这样一种矛盾的状况：有些晚期病人明明已经走到最后的接受阶段，但是他们的家属和医护人员却仍鼓励他们不要停，要抗争下去，“与病魔做斗争”，永不服输！有的患者家属还会说：“如果你放弃了治疗，你就是自私！你对不起我们！”

那么，我们怎样才能知道某个病人是过早放弃了自己，还是真正步入了最后的接受阶段？

要知道，对于过早放弃自己的病人，通过振作精神和借助医疗手段是可以延长他们的生命的，但是，对真正步入接受阶段的人来说，你做的任何错误的努力，只会带给他们一段痛苦的死亡经历。

在下面这个案例中，你也许能找到答案：

王太太，58 岁，腹部长了恶性肿瘤，痛苦不堪。在疾病面前，她表现得很勇敢，很少抱怨。在周围人眼中，她也是出了名地乐观与镇定。但是在癌症复发入院后不久，王太太突然变得跟以前大不一样，出人意料地消沉，几乎把自己隔绝起来。医护人员觉得蹊跷，便给她安排了心理干预。心理医生在 X 光室外的一张担架上找到了蜷缩成一团的王太太。那会儿她刚做完检查，觉得非常不舒服，背部疼得厉害。她跟心理医生说：“我需要上厕所。”当心理医生提出扶她去的时候，她又突然说：“不用了，我没穿鞋，还是先回病房吧，我自己能去。”

与此同时，在医院的另一个房间里，王太太的先生和一群医生正在开一场关于王太太病情的讨论会。他们正商量着再动一次手术，也许有可能延长她的寿命。王太太的先生根本不能接受失去妻子的现实，他恳请医生不惜一切代价扭转局势，创造奇迹！于是会议结果是，决定下个星期对王太太实施手术。

一听到这个消息，王太太的身体迅速垮了下来。几乎就在一夜之间，她需要增加一倍的药量才能止疼。她变得烦躁不安，不断地寻求帮助，常常是刚打完针就要吃药。可是她无力拒绝这次手术，随着手术的临近，她变得越来越紧张。最终，在手术室里，她“发疯”了，表现出强烈的精神错乱，说自己遭到了迫害，开始大喊大叫。手术也因此不得不取消。

分析这个案例，我们可以从一开始王太太跟心理医生说的那句话开始——“不用了，我没穿鞋，还是先回病房吧，我自己能去”。这句简短的话告诉了我们她的需要：让我们尽可能地关心她，但是最重要的，是尽可能地保持她的自尊和理解她的愿望！

后来，她与心理医生的谈话也进一步证实了这一点。王太太说：“我认为自己的婚姻是幸福的，有意义的，基本上没有什么缺憾。我希望自己能静静地离去，不要有人来打扰，即使他（指丈夫）也最好少来。我现在活着的唯一理由，就是他还是不能接受我将离去的事实。我很生气，气他不肯面对，我愿意也已经准备好放弃的东西，他却还不顾一切地紧紧抓住不放，不让我走！”

只是，面对几近绝望的家人，患者通常不会直接说出这样的话。可是他们行为上的一些变化，却能反映出他们内心真实的想法，应该引起周围人的警觉。比如王太太一反常态地表现出消沉和手术前的过分焦躁不安，当然还有最后她在手术前的“奋力一击”。

面对这样的结果，王太太的先生完全蒙掉了。他说他本来梦想着手术能让他们重新回到多年来一直幸福甜蜜的生活，可是现在美梦变得支离破碎，因为王太太在刻意疏远他，最后还做出这样的举动。当被问到“那你知道你太太的愿望是什么”时，他突然沉默了，开始意识到自己从来没想过妻子的愿望是什么，而是想当然地认为他们两人的愿望应该是一致的。

他无法理解晚期病人会进入一种接受状态，在这种状态下，死亡已被视为巨大的解脱。“爱是放手”，如果我们能允许并帮助病人逐渐离开那些他们曾经热爱和留恋的人和事，他们也就能轻松地离开人世。尘归尘，土归土，善始善终，人生的旅途就此结束。

死亡是真理的时刻

这是两年前的事情，那时候我刚满19岁。一天晚上，我驾车送一位朋友回家。经过市中心的一个十字路口时，我停下车看了看两边，没有发现任何车辆。于是我挂挡启动，这时我听到身边的朋友失声尖叫。紧接着，一道刺目的白光进入我的视线，一辆汽车开着头灯呼啸而至。我听到一声巨响，车的一侧被来车狠狠地撞上，我立刻感到自己迅速地穿越一片黑暗，一个封闭的空间。

然后，我就发现自己飘浮到离地面两米的地方，离事发地点有4米左右，这时候碰撞的回声才刚刚消失。我看到一些人跑过来挤在车边，我的朋友被从车里拉了出来，他还是一脸惊诧的样子。这时候我看到了自己的身体，那种感觉很奇怪，就像是无意识地看着一大堆人，突然发现里面有自己。那些人努力地想把我从破碎的汽车里拖出来。我的两条腿都已折断，浸在一片血泊中……

以上是一段濒死体验，发生在一场当事人几乎丧命的车祸中。接下来，还有一段发生在近乎溺毙的意外中：

伴随着一声巨响，我经过一条黑暗的狭长地带，所有童年的思绪、我整个人生的经历都出现在这段通道的末端，它们在我面前闪烁。它们不是往常所说的图像，更像是思绪的重现。我不能准确地描述出来，但它们就是在那里。我的意思是，它们突然出现在那里，也不是同时出现的，一闪一灭，但它们包括了所有事情，一次性包括了所有事情。我想到了我的母亲，想到了我做错的事情。我看到小时候做的荒唐事，想到了父母的感受，我后悔当时不该那么做，我希望自己能回到过去，改变这一切，我希望自己从没做过这些。

很多人，不管是否有过诸如此类的濒死体验，只要是在鬼门关走过一回，或者亲历身边人的死亡，在他们“还魂”之后，都能感到人生有了焕然一新的质变，会充满意义地重新去生活！这也可以解释为什么说“不能杀死你的，终将使你变得强大”，因为死亡让人们“觉醒”！

在没有被真正的死亡“当头棒喝”时，人们却总习惯处于“假死”状态，按照固定的模式，行尸走肉般地活着：年轻时接受教育，然后找个工作，结婚生子，买房子，在事业上出人头地，梦想有幢靠海别墅或第二辆车子，假日和朋友出游，然后准备退休。我们的生活单调、琐碎、重复，把感情和精力浪费在芝麻大小的琐事上，有些人面临的最大烦恼甚至是下一顿吃什么和明天穿什么衣服……很少有人问自己下面的问题：“你这辈子做了些什么？什么对你是有意义的？你为他人做了什么？”

即使有人在某个午夜失眠或者清晨惊醒，能偶尔思考到这些问题，那么下一秒的想法，恐怕立即就是“等等再说吧”。但是，连物理学都能告诉你的人生哲理，你又为何不为所动、一拖再拖呢？——“每一个原子的互动，都包含原来粒子的毁灭和新粒子的产生。次原子世界不断生灭，质量变成能量，能量变成质量。稍纵即逝的形状突然出现，又突然消失了，创造一种永无尽期、永远创新的实体。”一年四季、天气、一天的时间、阅读这本书时屋内的光线、走在街上擦身而过的人……还有我们自己：我们做过的一切事情，我们去过的地方，曾经的信念……哪一样不正在改变呢？

此时此刻我们能真正拥有什么？

没有什么是一成不变的，下一秒可能是最后一秒，不要等到死亡真正降临才去审视它的模样。这年头谁还会相信什么“20 年后又是一条好汉”的鬼话，倘若真信了有来世，那你也应该知道，还有奈何桥上的孟婆汤。因此，如果不想一辈子被死亡的恐惧纠缠不休，不想在生命的最后时刻“想起一生中后悔的事，梅花便落满了南山”，那么，还等什么？

善待当下！

第十章

“失乐园”

——那些与性有关的秘密和禁忌

HARDCORE
PSYCHOLOGY

“爱是什么，我不知道，我不懂永远，我不懂自己……”

每当这首《中学时代》的伤感旋律响起时，我就禁不住思考这个“世界性难题”：爱是什么？

也许对此每个人都有自己的看法，在这里我想说说心理学上的答案——“爱之三角”。

爱之三角

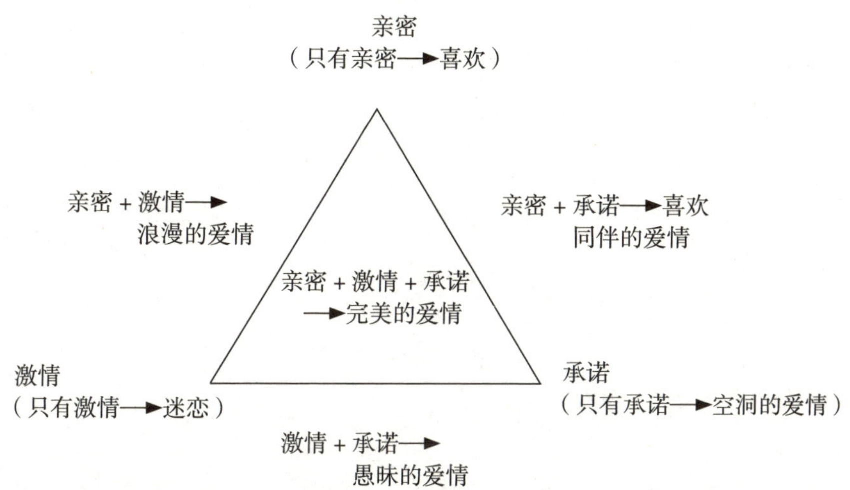

从“爱之三角”中我们知道，爱是由三种成分组成的：亲密、激情和承诺。

对这三种成分做不同的搭配，可以组合出不同类型的爱情：

只有亲密 = 喜欢
只有激情 = 迷恋
只有承诺 = “口说无凭”的空洞爱情

亲密 + 激情 = “不计后果”的浪漫爱情
亲密 + 承诺 = “老夫老妻”的同伴爱情
激情 + 承诺 = “一时冲动”的愚昧爱情

亲密 + 激情 + 承诺 = 完美的爱情！

但是，所有这些成分成为爱情的前提是，必须有性做基础！有性不一定有

爱，但是若想把感情变成爱情，那就少不了性的存在。可能有些人会提出异议：“我就崇尚柏拉图式的爱情，怎么办？”对不起，心理学上将柏拉图式的爱视作变态的爱！

有人说过，婚姻的三大支架是：物质、感情、性。一项满足了就能“凑合”过，满足了任意两项就能过得挺不错，若是三项都满足，那就是神仙眷侣了！

今天我们就在这里谈一谈这个婚姻的三大支架之一，如果没有了它爱情就“变态”了的家伙。

“性趣”决定一切

不想当厨子的裁缝不是好司机，小火车跑都不想跑还怎么指望它加速呢？所以说，在性爱中“性趣”问题很关键。先来看看下面两个例子。

朱先生的遭遇：

这种事不发生在自己身上是不知道它有多痛苦。今年我 32 岁，正值壮年，老婆比我小一岁。我们已经结婚 8 年，这中间一直存在一个问题：我老婆性冷淡！最近 9 个月来，更是连一次性生活都没有。说真的，要不是看在孩子的分儿上，我早就离婚了。每次我有需求，她不是敷衍了事，死尸一般一动不动，一声不吭，就是干脆不让碰，说白了她压根就不想做爱。一开始我以为是自己不够浪漫不够温情，于是我用尽花招，又是烛光晚餐又是花瓣浴的。每次开始的时候她还很享受，但一到关键时刻就撂挑子。如果你要再勉强一点儿，人家就发火了；你要是也发火了，人家就开始哭……唉，真是没办法。

有一次我终于受不了了，提出离婚！她这才不得不告诉我一段隐瞒了很久的事：在她小时候，一个比她大 5 岁的表哥强暴了她，她深感罪恶，便一直把它藏在心底。她说，每次跟我做爱就会勾起她对过去痛苦的回忆……

李女士的不幸：

我今年30岁了，已婚。结婚三年来，老公一直对性生活没兴趣，过着传说中的无性婚姻生活。我曾经对他产生过无数的质疑：有外遇？绝对有外遇！喜欢男人？绝对喜欢男人！身体有病？绝对身体有病！但是这些猜疑很快都被推翻……其实除了这一点不行，生活中其他方面他还是做得不错的，很疼爱我，也尽到了做丈夫的责任。可是我不甘心，我自认为还有几分姿色，为什么他会对我无动于衷？！并且，我还发现他平时也几乎不关注任何与性有关的东西，也不手淫，到底是为什么？！这是要羽化成仙不食人间烟火了吗？我还想要小孩儿呢！

后来，他的一个朋友告诉我一件事，是我老公酒后说的一番话，不知道这能不能算是他性冷淡的原因。我老公说，他在结婚前谈过的几个女朋友，个个都风情万种，小鸟依人，看到她们就“性”致勃勃。一直以来他都想找这种类型的女孩儿做妻子，没想到最后阴错阳差地碰到了我。而我是强势的女人，平时能独当一面，身上温柔的东西实在太少了……一拿我跟他的前女友们对比，他就顿时“性趣”全无了。

对朱先生老婆和李女士丈夫这样的人来说，任何性诱惑和刺激，在他们面前都通通不起作用，简直是“无欲则刚”。原因就在于他们患上了“性欲缺乏障碍”。

那么，怎样判断是否患上此病呢？首先，应该像李女士那样做一番“排除法”，确定不是其他原因所致。然后，可以通过性生活的频率来衡量。至于说什么样的频率才算是有问题的，这就要“具体家庭具体分析”了。一般说来，一对已婚夫妻一个月中性生活少于两次，长此以往，就应该引起注意了。但是还有一种情况是，有一些人，他们每星期能有两次以上的性生活，可是这么做只是为了照顾另一半的感受，对他们而言是“情非得已”，也根本不会从中体会到任何乐趣。

刀尖上的性

《杀死比尔》的“比尔”真的被“杀死”了。2009 年 6 月 4 日，好莱坞电影《杀死比尔》男主角大卫·卡拉丁死于泰国曼谷的一家酒店房间内。1994 年 2 月，一名英国议会成员、国防部长的议会私人秘书，45 岁的史蒂芬·米利根（Stephen Milligan）（以下简称为 SM）先生，被发现死于家中的厨房。

他们两个人都被诊断为死于性窒息。

看到这里，估计一些人已经猜到了如此诡异的死法背后的真相是什么。那便是自淫性窒息！“比尔”和 SM 先生就是在这种十分危险的游戏中玩得太过，不小心失手了。

“食、色，性也。”在追逐性欲满足和性快乐的道路上，人们也能“无所不用其极”，制造出非常的手段——“性虐”。

在一定程度上，疼痛是能够带来快感的，然而生活中很少有人能恰当地体会这种感觉。性虐就是将痛感与快感巧妙地联系在一起，在某种程度上说，性虐其实就是一种“恋痛癖”！

性虐中的痛感有两个层面，一个是肉体的疼痛（如鞭打），一个是精神的疼痛（如受到羞辱）。所以性虐活动中最常用的两种手段便是鞭打和捆绑。同时性虐也分为性施虐和性受虐：能通过给对方施加痛苦和羞辱得到性满足的，就是性施虐；能通过承受痛苦和羞辱来得到性满足的，便是性受虐。

日常生活中，人们偶尔也会在性生活中做出类似虐恋的行为，比如用手打对方屁股等，但这并不能算是虐恋。因为真正的虐恋是把虐恋行为当成性生活唯一的内容和满足方式，并无他选。

幕后真凶

多年以来，大多数人都认为导致性功能障碍的原因只是焦虑。为此人们还特地做了一个实验：安排几名年轻且性功能健全的男性，分成三组观看色情片，但是所有人在观影前要接受一次手臂电击，这对身体无害但多少有些痛苦。

三组的观影情况不同，分别是：

第一组，请尽管放心，观影的过程中不会受到任何打扰。

第二组，要小心哦，你的手臂随时可能会遭到电击。

第三组，如果你们比不上第一组人的身体反应水平的话，就一定要遭到电击。

实验结果出来了，因为第三组情况引起的焦虑最严重，所以第三组人的表现也是最差的。这与男性在真正的性爱中感到焦虑后的表现是一样的。

不过，很快就有新的声音出现，来自哪儿呢？一系列强奸事件！

在强奸事件中，受害者的焦虑程度无疑是很高的，但是没有“阻止”强奸的发生，因为受害者仍能顺利勃起，所以有人认为，焦虑并不是引起性障碍的唯一原因。

那么还有什么呢？

你听说过“弹震休克症”吗？这在战场上非常常见，士兵们通常因为极度恐惧而双腿突然瘫痪，无法进行任何移动。但是从战场上退下来以后，又会奇迹般地恢复，行走自如。这是一种身体防御机制，身体“拒绝”这名士兵上战场送死，就像很多人在经历了巨大的痛苦创伤后会“选择性失忆”。

如此说来，性障碍又何尝不是潜意识里人们因为恐惧而做出的一种逃避呢？因为恐惧无法勃起，因为恐惧无法性兴奋。

比如一个男人，他的母亲在他小的时候曾经错误地制止了他正常的性行为。长大后，当他娶了一个女人，潜意识中发现这个女人身上有当年“错误”

的性行为的影子，那么由于“恐惧”再次被母亲责备，他可能会对她表现出性冷淡或者性无能。

同样，一位女性不能享受与丈夫性交的乐趣，因为每当这个时候，她父亲严厉厌恶的表情就会出现在她的脑海里。后来偶然间她发现，如果丈夫能在做爱前假装愤怒，“揍”她一顿，她便能过上正常的性生活。因为她认为惩罚能抵消一切！所以，当她被丈夫“打”了一顿，她就认为自己受到了应有的惩罚，不用再担心父亲的不满和指责，可以尽享鱼水之欢。

而在某些创伤性的事件后也是如此，比如性侵：曾经遭到强奸的女人会对性完全失去兴趣，仅仅是跟男性身体接触都会令她们感到恶心和恐惧。

很多人以为恐惧到了极限会导致四肢瘫软或者丧失意识、口吐白沫什么的，却不知真正的恐惧极限是攻击！就像动物做出攻击行为一样，多半是因为它们受到惊吓。因此，关于“早泄”就有了这样一种解释，它实际上是男性潜意识里因为恐惧而产生的一种攻击行为：让女人遭受挫败，要弄脏她们的身体，就像感到害怕的章鱼会喷出一团污墨一样。

所以说，恐惧是性障碍的另一个原因。

文章一开头便说过，无性之爱是变态的爱。爱与性互为依托，关系错综复杂，很多时候被合在一起称为“性爱”，如此来说，潜意识的“爱”对于性障碍的发生实在难辞其咎。

举个例子来说吧，一个男子可能爱上别的女人而不自知，因而在妻子面前性无能。而他爱的这个女人也许早已死去，也许只是童年时代的一个偶像、心中的一个影子。

还有一种男人，他之所以不能爱他的妻子，是因为他寸步不离的母亲。许多男人尽管已经结婚，但在潜意识里仍然深深依恋着自己的母亲，是年少时“俄狄浦斯情结”的延续，即我们常说的“奶瓶男”。这种男人不能像妻子渴望的那样，真正地把她们当作自己的伴侣，尽到丈夫的责任，充其量只能给她们一种“孩子气”的爱。所以最适合他们的配偶，是那种天生母性泛滥，喜欢扮演母亲角色的女人。但是，尽管如此，这样的婚姻大部分还是不能维持长久。

一些女人也是如此，她们深深地爱着自己的父亲，以至于不能接受丈夫的性行为。她们可以与丈夫亲密相处，相敬如宾……但不管怎么做，都骗不过自己的潜意识。这些女人不可能对丈夫的性刺激做出正常的反应，因为在潜意识里这被视为对自己真正的“初恋”（父亲）的不忠！

但是，还有一种“爱”，要完胜我们上面提到的任何一种，那便是对自己的爱！我们都清楚，对其他人的爱，如丈夫、妻子、朋友、兄弟、姐妹、父母等，归根结底都是源于“自恋”！因为在潜意识里，人们会认为，把对自己的爱投出一部分去爱别人对自己是有好处的，能让自己快乐和有收获。所以人最爱的是自己，首先爱的是自己，最后爱的还是自己！

但是对某些人来说，这种爱的“转移”是无法实现的——与别人建立真诚而深挚的关系是不可能的！虽然这种人也会恋爱，但他们爱的是被爱的感觉，因为这种感觉不仅能满足他们的虚荣心，还能维持可怜的自信。

都说没有爱便没有恨，就像电影《硬汉》中的一句话：“忘了她，就不恨她了……”爱与恨总是这般犬牙交错、纠缠不清。既然“爱”是性障碍的原因之一，那么“恨”也是！

可是为什么一个人会在潜意识里“恨”他们自认为深爱着的人呢？理由通常有三个：

第一，复仇。

许多人一生都在企图把自己童年的感受发泄到某个人身上。比如说一位花花公子，他在童年被自己的母亲遗弃，此后他终其一生都在以母亲对待他的方式来对待别的女人，先让她们爱上他，然后再无情地抛弃她们。

男人在性生活中的表现也是一样，先柔情蜜意地唤起女人的性欲，再在毫无预兆的情况下戛然而止，一“泄”千里。他们十分清楚这样做会挫败对方，尤其是看到对方为之歇斯底里、精神恍惚、沮丧憔悴，甚至一边哭闹一边用拳头捶打他们的时候，心中报复的欲望就被彻底满足了。

第二，替别人复仇。

潜意识的“恨”的另一个理由（特别是在女性身上），不是为自己复仇，而是为母亲复仇。有些女人在孩子还小的时候遭受过丈夫的家庭暴力或者背叛，她们便会不停地告诫女儿永远防备和警惕所有的男人。女儿目睹了母亲的遭遇，便遵从了她的“教诲”，长大结婚后，便开始了潜意识里对丈夫的“复仇”——拒绝做爱或变得性冷淡。

第三，嫉妒。

其实，潜意识里男人总是嫉妒女人，而女人也总是嫉妒男人，这个理由听起来有些好笑，但实际上它确实如此，且程度远远超出一般人的想象。在生活与性爱中，某些女性常会有一种想法：我们为什么不能像男人一样主宰性爱，主宰这个社会？在这种嫉妒面前，一个女人除了性冷淡外别无其他泄愤的办法。另一方面，有些男人也在嫉妒着女人，不仅嫉妒她们作为弱势一方经常能受到保护，甚至还嫉妒她们有生育孩子的能力。

20 世纪 60 年代末，甲壳虫乐队歌手约翰·列侬和他的妻子小野洋子在蒙特利尔度蜜月时，曾针对美国对越南的战争发起过一场著名的“床上和平运动”——在一家旅馆的大床上待上整整 7 天不下床。当时他们著名的口号就是：要做爱，不要作战！

所以在这篇文章的最后，我想祝各位：要做爱，不要障碍！

第十一章

生不如死

——创伤后应激障碍

HARDCORE
PSYCHOLOGY

当时的情形一直萦绕在我脑海里。第一架飞机撞上世贸中心大楼时，我正在10楼的办公室工作。我们都听到响声，但是想象不出发生了什么。很快，有人开始大声叫喊："快跑——是炸弹！"然后大家都朝楼梯跑去。当我们冲下楼梯时，烟尘也随之滚滚而来。到底层的路仿佛无休无止。跑出大楼，我看见人们四处奔逃，一些人惊恐地驻足仰视。我仰头望去，只见大楼顶部火光熊熊，我僵在那里，不能动弹。接着，第二架飞机又撞了上去。不知是谁抓起我的胳膊开始奔跑。混凝土和玻璃开始四处飞溅。人们踉踉跄跄，东倒西歪，个个都满身尘土。跑到离大楼很远的地方，我们站在那里眼看着世贸中心倒塌。我无法相信自己眼前所见。其他人惊声尖叫，而我却只是凝视，无法相信这一切。

如今，我睡不好觉。虽然我努力入睡，但是在即将入睡之际，那些影像似潮水般涌入脑海。我眼睁睁看着世贸大楼倒塌，看见脸上带伤的人们，以及没能逃生，被坍塌的大楼掩埋的人们。我还能闻到烟尘的味道。有时，泪水把枕头都浸湿了。我目不转睛地盯着天花板，仿佛凝视着正在倒塌的世贸双塔。白天上班时，我的心思完全不在工作上。别人对我说话，我却充耳不闻。我常常感到自己似乎处于一种飘浮状态，对周遭的事物既看不见也摸不着。但是，城市里司空见惯的警笛声却会令我着实一惊。

以上是来自 2001 年 9 月 11 日美国世贸中心恐怖袭击中的一位幸存者的描述。与他一样，许多人在生活中也会经历一些诸如恐怖袭击、强奸、地震、交通事故、火灾、战争等严重的创伤事件，而在创伤过后产生的心理障碍便是——创伤后应激障碍（PTSD）。

 “我的心真的受伤了”

创伤后应激障碍究竟是什么样子呢？接下来我就为大家全景展示一下它的真容。

首先我们说，创伤后应激障碍有三种症状。

睹物思人，但在创伤后应激障碍中却不是这样，患者不需要亲眼见到那些曾亲身经历过的悲惨事件便可以重新体验当时的感受。因为不管他们愿不愿意，那些恐怖的回忆和噩梦般的影像自己会突然闯入他们脑中，或者在现实里或者在梦魇中，一幕一幕不停地浮现，这便是所谓的“闪回”，让患者顿感无处遁逃。

前文中“9·11”事件幸存者的描述“……但是在即将入睡之际，那些影像似潮水般涌入脑海。我眼睁睁看着世贸大楼倒塌，看见脸上带伤的人们，以及没能逃生，被坍塌的大楼掩埋的人们……”便很好地刻画了这一点。

因此，“重新体验创伤事件”是第一种症状。

当微小的灰尘落在我们皮肤上的时候，我们察觉不到它们的存在，可当这些灰尘聚集成尘埃颗粒，变成很大一坨落在我们身上时，我们不但能够看见它们，还能感受到它们对皮肤的压力。那么这种刚刚能够引起感觉的刺激量便叫作感觉阈限。感觉阈限越大，能够引起感觉所需要的刺激量便越大。打个比方，别人的皮肤落上一个米粒大小的物体便可以感觉到，但是因为你的感觉阈限比他们大，所以你也许需要一个栗子大小的物体放到皮肤上才能察觉。

同样，情感阈限也是如此。有人说一个人伤大了就麻木了，是这样吗？有时候真是这样的。创伤后应激障碍患者会表现出对情感的麻木，对周围情况的无动于衷，我们就可以说那是因为他们的情感阈限被提高了，日常生活中普通事件的刺激已经无法激起他们的喜怒哀乐，他们是真的"淡定"了。

除了变得麻木，患者还会疏远身边人，逃避一切和创伤事件有关的想法、感受、谈话、活动和人，甚至渐渐对不相干的活动也丧失兴趣。

再来看看"9·11"事件的幸存者是怎么说的："白天上班时，我的心思完全不在工作上。别人对我说话，我却充耳不闻。我常常感到自己似乎处于一种飘浮状态，对周遭的事物既看不见也摸不着……"

因此，"感情麻木、疏离"是第二种症状。

一朝被蛇咬，十年怕井绳。任何能唤起痛苦回忆的声音或影像都会使患者立刻心惊肉跳，"抱头鼠窜"。比如在战场上患上创伤后应激障碍的老兵，退伍后偶尔听到汽车回火的声音也会吓得一头跳进身边的水沟躲避，脑海中浮现出战争的场面，再次体验到当年在前线时的恐惧。

还是像那位幸存者说的："城市里司空见惯的警笛声却会令我着实一惊。"创伤后应激障碍患者总是时刻警惕着过往痛苦的再次出现。

因此，第三种症状就是"高度警觉"。

除了以上三种症状，活着有时比死了更痛苦，创伤后应激障碍患者还会出现"幸存者愧疚"！他们甚至恨不得自己才是死去的人，为自己的幸免于难或为生存而做过的事感到痛苦、负疚。有一位洪灾中的幸存者表示："我感到非常愧疚，因为邻居当时向我求救我没有理会，而是选择了保全自己的家人。"有一位患有创伤后应激障碍的越战老兵说："我是杀人犯。没有人会宽恕我。

我们应该被枪毙，我们应该接受军事法庭的审判。”这一点从《士兵突击》中许三多第一次实战后的表现就可以看出，杀人，确切地说第一次杀人是件多么痛苦的事。还有许多幸运儿，如二战大屠杀中的幸存者因家人遇害而自己侥幸活着，或因自己没能奋力反抗纳粹而产生深深的负罪感。除此之外，即使更常见的日常生活中的创伤事件，例如下面这场交通事故，也会让患者深切地体会到沉重的负罪感与良心的谴责：

> 我是一名外科医生。一天休息时，我打算陪4岁的女儿去玩具店买一些玩具。前往商店的途中，我却一边开车一边考虑工作中一些未处理完的事。突然，前面的车毫无预兆地紧急减速右转，我的车一下子撞到它的尾部，油箱撞坏起火了，我的头也撞上风挡玻璃，并且受了伤。但这并不是最坏的，最坏的是我女儿被变形的那一侧车厢卡住了。当时我是拼尽了全身力气才踹开了夹着她的金属板，在火势蔓延之前抱着她逃出生天。在医院里，我不断回想自己的所作所为，事故发生时的场景也不断在脑海中重现……要不是当时及时救出了她，可能我女儿现在会被烧伤，甚至被烧死。但是若不是我当时开车分了心，也就不会有这场事故了……后怕与负疚充斥了我的内心，它们比我肉体上所受的伤痛要来得痛苦多了。

除了以上这些创伤后应激障碍的表现，一项调查中还发现了一个奇怪的现象：第二次世界大战中，受到无数次空袭威胁的英国市民患上创伤后应激障碍的比例，与没有受到空袭威胁的人群相比几乎没有差别，但是一些犯罪行为（如抢劫、强奸）中的受害者事后的应激障碍的发病率却相对较高。这是为什么呢？

看看两者的区别就能找到真相所在了：原来空袭中的很多人并没有直接体验到濒死、死亡和直接的恐惧。因此说，只有当事者身临其境或者亲身经历后才有可能患上应激障碍，如看到当时的情境，听到当时的声音，闻到当时的气味……

提到气味，让我想起了一样东西，那就是记忆！

为什么提到气味让我想起了记忆呢？就是因为各种感觉通道（视觉、听觉、味觉、触觉等）中，只有气味留下的记忆是最持久的，也就是说气味留下的记忆多为长时记忆。

记得电视剧《状王宋世杰》中有一场戏，为了诱迫嫌疑人招供当年犯下的罪行，宋世杰便在犯人夜审时安排了一出案件重演，布置了一个和当年很像的案发现场，找到一个和死者很像的女人扮成冤鬼来索命。起先，嫌疑人只感到惊恐、恍惚和怀疑，迟迟不肯松口。关键时刻，宋世杰使出决胜的一招：撒出了被害者遇害时使用的香粉。香味一出，立即深刻又完整地勾起了嫌疑人对当时的回忆，他终于对眼前的一切信以为真，开始痛哭流涕地忏悔自己的罪行……

到这儿，大家已经对创伤后应激障碍有了大致的了解。我们都知道许多创伤事件会导致创伤后应激障碍，那么接下来，我想着重讨论四类主要的创伤事件：自然灾害、虐待、与战争有关的痛苦事件，以及常见的创伤事件，如各种事故。

亲历噩梦

10 月 3 日，北川县农办主任董玉飞在自己的住所自杀身亡。

10 月 18 日，都江堰受灾伤员罗桂琼在成都市第二医院外科大楼 12 楼跳楼自杀身亡。

11 月 11 日，安县（今安州区）花荄镇雍峙村村民陈开华在父亲坟前上吊自杀。

11 月 15 日，北川县擂鼓镇男子杨俊在家中杀妻后自杀，夫妻二人“相拥”离世。

11 月 19 日，绵阳市政府办人事教育处处长何宗华从绵阳市宇隆大厦 15 楼跳楼自杀身亡。

12 月 5 日，北川邓家海光村村民朱华会在家中上吊自杀。

12 月 10 日，绵阳海天公司职工赵学亮在绵阳市中心医院跳楼殒命。

这是从 2008 年 5 月 12 日汶川发生 8 级强震后，有报道的接连发生的七起自杀事件。

自杀危机应该是创伤后应激障碍中的一种极端形式，更多的创伤后应激障碍患者通常不会表现得那么脆弱，尽管如此，他们却是生不如死，来看一下亲历者 A 的描述：

> 地震发生后不久，作为幸存者我被安置在临时搭好的地震棚中。一连半个多月我几乎夜夜无眠，始终担心地震会不会再发生一次，同时一场场余震也让我如坐针毡。其实很多时候我不是睡不着而是不想睡，多困都会坚持着。因为每次睡着都会被同一个噩梦惊醒，一身冷汗，我梦见自己被建筑物上掉下的石头砸死了。每当这个时候，我的心脏就好像被一把尖刀划破又挑出了神经，无法自已地思念地震中惨死的妈妈，回忆起她死时的样子……也许那时我应该跟她一起去了就对了，现在才知道原来活着远比死了要痛苦。有时我会梦到妈妈还活着，一切都未发生过，我们全家都很幸福。但实际上这种梦比噩梦还要残酷，因为醒来后我不得不重新接受一次悲惨的现实，面对一次巨大的现实冲击……

除了地震以外，洪水、火灾、台风等自然灾害也会导致幸存者出现创伤后应激障碍。有调查显示，在一场毁灭性的洪灾过后，幸存的 200 人中的 60% 都患上了创伤后应激障碍，其中 25% 的人在 14 年后仍没有痊愈。

自然灾害就说到这儿，接下来是“虐待”。

虐待有很多种，包括身体虐待（殴打等）、性虐待（强奸和乱伦等）、情感虐待（父母总是嘲笑自己的孩子等），这些虐待都能引起慢性的创伤后应激障碍（20 年以上的病程）。来看有过被强暴经历的亲历者 B：

> 我的人生就是一场苦难。在我4～8岁间曾遭到一位表兄的多次强暴，12岁时又遭到亲叔叔的强暴。33岁的时候，我又被一位陌生人强奸并殴打致残。这么多年来，我的睡眠总是与噩梦为伍。我会拒绝想起被强暴的经历和任何会让自己想起它们的东西，但是非常讽刺的是，我越是努力回避那些过往，它们越是会努力出现在我的记忆里，挥之不去。我对身边的活动慢慢失去了兴趣，感觉自己在不断地疏远别人，变得易怒易受惊吓。尤其是3年前最近的那次强奸后，我几乎每星期都会有一次惊恐发作。我的惊恐往往是由最近那次强奸的相关线索引起的，比如在我换内裤的时候，但是有时也会发生在我抑郁和疲惫的时候。
>
> …………

亲历者B的讲述让我想起一本书，叫《可爱的骨头》。这本书讲述的是一个10多岁的少女被强奸谋杀后用灵魂偷看她死后世界的故事：她的一家遭此惨祸后立即崩溃，父亲精神恍惚，屡次为警方提供可疑线索遭拒后，在一次夜间去捉嫌犯时被误伤致残；母亲无法忍受失女之痛，竟和探长私通，然后离家出走；妹妹在哀伤中一夜成人，不顾性命之忧去凶犯家窃取证据；年仅4岁的小弟在得知长姐已死之后，成长中心灵受到创伤……

尽管少女的遭遇留下的阴影曾久久在这个家庭中挥之不去，但是许多年后，家庭的每一个成员都走上了各自的生活道路。在一旁偷看的少女的灵魂这时意识到：人生，犹如人的周身骨骼，即使有一块破损了，缺失了，但骨架终会长全；灾难和苦痛与生活中的其他东西一样，也都会在时间的慢慢流逝下，与整个生命融合。

这正是自己就有过被强暴经历的作者想要表达的东西。

那么在这里，我想给遭遇性侵的女士们提供几点建议：

相信自己。不要责怪自己。照顾好自己。

告诉你信任的人。性侵犯令人恐惧和痛苦，独自承受会不堪重负。想一想有没有值得信任的人，也许是一位朋友，也许是一位亲戚，或者是一位网友。

接受身体检查。即使没有受伤，尽快检查可以让你了解是否引起内伤、妊娠和感染性病等。而且 72 小时内进行身体检查是收集强奸证据的最佳时机。

报案。强奸乃重罪，及早报案会有帮助。

寻求专业的心理援助，从痛苦中解脱出来需要时间和专业的指导。

下面给大家看一组“约会强奸”中男女各自的内心活动，也许你们会有一些其他的收获。

女：

我第一次遇见他是在一次聚会上，他外表俊朗并且爱笑，我想过去和他聊天却不知如何开始，毕竟我不想让自己看起来太主动。这时候他走了过来自我介绍，然后我们就攀谈起来。我发现我们有很多共同点，我确实喜欢上他了。当他邀请我到他家喝点儿什么时，我想这很好。他是一个很好的聆听者，我希望他以后继续邀请我出去。

男：

我第一次见她是在一次聚会上，她看起来非常火辣，穿着性感的裙子，很好地展示出她完美的身材。我们立即攀谈起来。她一直对我笑脸相迎，并在说话的时候一直摸着我的胳膊，我看得出她喜欢上我了。她看起来很轻松，当我请她去我那儿喝点儿什么的时候她答应了，真是走运。

女：

当我们到他家的时候，我发现他家唯一能坐的地方就是床了。我不想他对我有任何非分之想，但我还可以坐什么呢？我们聊了一会儿，然后他向我靠近了，我很害怕。他开始吻我，我确实很喜欢他，所以我觉得接吻没什么，那很美妙。可是当他把我推倒在床上的时候，我挣扎着要坐起来，并告诉他快停止。但他实在太强壮了，我非常害怕，并哭了起来。所有反抗都无济于事，我停止了挣扎。就这样，我被强奸了。

男：

当我们到家时，我们坐在床上开始接吻。开始一切都很美好，接着，我把她放倒在床上，她开始反抗，并说她不想这样。我知道大部分女人不希望让自己看起来太随便，她们通常会反抗，所以我知道她只是想这样表现。当她停止反抗时，我知道我们做爱之前她必须假装流几滴眼泪。

女：

虽然只有短短的几分钟，但它令我感觉很可怕，而且他的动作又那么粗鲁。结束时，他老是问我怎么了，好像他什么都没做一样。他觉得只是压在我身上而已，他把我送回家并说希望能再见到我。我不愿再见到他，我从未想过这种事会发生在我身上。

男：

当我们结束后她仍然很沮丧，这时我就不明白了！假如她不想和我做爱，为什么要跟我一起回来呢？从她的穿着和言行举止上可以判断出她并不是处女，那为什么她还如此强烈地反抗呢？我不明白。

…………

我们继续往下进行，下一个是什么呢？与战争有关的痛苦事件。下面有请亲历者 C 为大家分享她的经历：

> 我今年 40 岁了，直到围攻开始的那天我都在乡下打理我的农场，围攻开始后我家的房子被迫击炮几乎炸成了一堆瓦砾。第二天一早，武装分子便来到村里，命令所有人立刻离开自己的住所。这个时候，我眼睁睁地看着好些邻居和朋友被枪杀。我们一家被迫让出房子、汽车和银行存款，还亲眼看到别人对我们的掠夺，而掠夺者中还有我们曾经的好邻居。随后几天我们移居别处生活。一天，当我们夫妻俩走在路上时，武装分子从天而降抓住了我们，我的丈夫和其他男子一起被带走了。随后的 5 个月里，我不知道丈夫是死是活。我在运送流放犯的火车里度过了几天几夜，没有水，也没有食物，许多人就在我身边窒息而死。强行军时，我不得不从死去的朋友和亲人身上跨过。
>
> 有一次，我所在的小队必须通过一座桥，桥的两边布满了武装分子的机枪手，他们胡乱扫射，还命令我们把身上所有值钱的东西都扔到桥下的网袋里。接下来的好几个星期，我和许多妇女儿童一起挤在一个条件极其恶劣的大帐篷里，人们的哭泣声不绝于耳。当我也开始哭个不停的时候，我觉得自己的脑子出了问题，自己已经“疯了”。如今，我觉得自己再也开心不起来了。独自一人时，所有的往事都历历在目。我时常躺在地上回想着以前家中的一切，他们抢走的每一件东西，我又看见了那一切。每个夜晚那些痛苦都要伴我入睡。

亲历者 C 的经历其实十分普遍。在战争，尤其是大规模的战争中，成千上万的人遭到迫害和杀戮，数百万人流离失所。战争带来的残酷不仅有军队的累累暴行、集中营大屠杀、有组织的集体强奸等，还有它所导致的邻里间的无情掠夺和相互残杀。

例如阿富汗战争中，阿富汗人民经历了数十年的战乱和侵略，还有塔利班的残暴统治。并且在美国“9 · 11”事件后，他们的国家再次遭到轰炸，这导致成千上万的阿富汗人或死或伤，数以千计的人住在临时帐篷里，没有足够的水和食物，四周一片荒芜。有研究发现，阿富汗难民患创伤后应激障碍的比例非常高。其中妇女尤其容易发生创伤后应激障碍，因为塔利班已经剥夺了她们最基本的人权，她们中许多人的丈夫和男性亲属被杀，没有了这些男人，她们几乎不可能继续生存。

抛开平民，我们从参与战争的另一方——战士的角度看，又是怎样的呢？

自从第一次世界大战以来，对于士兵的战争创伤反应出现过很多名词，“炮弹厌恶”“战争疲劳”“战争神经症”等等，现在我们知道了这些都是战争创伤后应激障碍。在战场上他们一次次目睹了自己的同伴被杀死的惨状，同时自己也在不断杀人。这些压力在几个月甚至几年中慢慢积攒，在他们身处战争中或还留在军营时很多时候是看不出明显症状的，可一旦回到平民的生活中，所有这些影响都会表现出来。他们变得恐惧、失眠、冷漠、激动，以及脑中充满各种死亡的念头。有些士兵，比如说越战中的老兵甚至会对同伴或家庭成员做出攻击性的行为，使整个家庭都陷入苦恼。按照这种情况，也许有些战士一辈子都不应该离开军营。

最后一个——常见的创伤事件！来听听亲历者 D 经历的一场意外：

今年 54 岁的我和丈夫一起生活在一个小镇上。两年前，在一个冬天的夜里，一辆途经小镇的运送燃料的卡车由于打滑，冲到了小镇中心的一家商场里。我的家正好位于事故地点附近，卡车的巨大爆炸声把我惊醒了，我那时感觉世界像要毁灭了。商场和上面的公寓立刻被火焰吞灭，火势立刻蔓延到周围的居民楼。我现在回想起，当时就像在看一部真实的恐怖片，空气中弥漫着建筑材料燃烧发出的焦臭味道，到处都是黑色和红色的碎片。这些碎片有的飘在空中，有的散落满地，就好像墓地中的百年墓碑在发出魔鬼般的光影。数百人在这场事故中丧生，他们大多是正在商场中逛街的人和周围的住户。居民楼里的看门人和卡车司机也在这场事故中丧生。

事故过后，很多人前来悼念。一段时间后，商场与大厦也开始重建。但是我的生活在那一天之后就再也没有恢复的迹象。我开始觉得周围的一切有点儿陌生，世界变得不那么真实。我慢慢疏远朋友，脑中时刻充满着那一夜的场景。在夜里我还会不时梦到那个景象。以前我有服用安眠药的习惯，但是现在也不吃了，因为它会让我一直睡着，那样我就不能从噩梦中逃脱出来。之后的一年半里，我尽了最大的努力不去回想那个灾难场面，但是相关的回忆和梦境仍然游走在我的生活中。我的睡眠出现严重的问题也有两个月了，到目前为止，那场事故的记忆仍然非常鲜活。

亲历者 D 的描述让我想起了 2010 年 11 月 15 日上海胶州路一栋高层公寓的大火，那场大火也酿成了 58 人死亡的惨剧，事故给很多人留下沉重的心理阴影。除了这些，生活中很多貌似更加平常的事件也会诱发创伤后应激障碍，如交通事故，爱人意外死亡，孩子患上重病，亲眼看见他人受伤或被害，等等。

四类主要事件到此就讲完了。现在，我有一个疑惑：为什么有些人在事后会患创伤后应激障碍，而另一些人却不会呢？下面我们就来研究一下创伤后应激障碍的成因。

“谁让我心痛？”

有些人天生就是易感的体质，遇到同样一个问题会比其他人更容易激动，更容易受伤。但是这个易感体质放到一样东西面前往往就会失效，那就是程度！你不是不想吃，而是你还不饿；我不是够坚强，而是我还没遇到够狠的事。当创伤事件的严重性和持续时间达到一定程度，无论你是不是易感体质，都会兵败如山倒。就像在前线服役时间更长或有被俘经历的老兵，患创伤后应激障碍的可能性就要大于没有类似经历的老兵；遭到暴力轮奸的强奸受害者，比时间较短、行为较温和的强奸受害者更可能患上创伤后应激障碍；因自然灾害失去家园和爱人或自己受伤的幸存者，比受灾难影响较小的人更可能患创伤后应激障碍。

所以说创伤事件的严重性、持久性是一个成因。

有一项研究表明，经历家人自杀、性侵犯和爱人因艾滋病去世等事件的人，比起经历其他创伤事件的人更容易患上创伤后应激障碍。

这是为什么呢？来分析一下自杀、性侵犯和爱人因艾滋病去世这几个事件的共性就知道了：通常它们都难以启齿，不便向外人透漏，会被社会认为是一种耻辱。因此我们就有了刚才那个问题的答案，如果人们在创伤事件发生后的恢复期内不能和他人谈论自己的痛苦感受和回忆，并获得他人在精神上的支持，则更容易患上创伤后应激障碍。就像参加过越战的退伍士兵比其他退伍老兵更容易患创伤后应激障碍，是因为美国社会对越战存在很多争议，褒贬不一，所以很多重返祖国的士兵得不到家人和朋友的支持。

还有就是，女性较男性更容易患创伤后应激障碍，可能是因为女性最常经历的创伤（如性虐待）大多是令她们感到耻辱的，而男性的经历大多为意外等不带有耻辱性的事件。

因此说创伤事件发生后能否获得社会的支持也是一个成因。

以上两个社会成因就讲完了，下面开始心理成因的介绍。

我已经在文中提到过很多遍，只有直面痛苦才能更快地从痛苦中走出来，越是逃避，反而越延长痛苦的时间，深受其害。有的人在遭遇创伤事件之后会借助酒精或者毒品的帮助，让自己置身事外，以旁观者的身份来看待自己的痛苦和它带来的影响，这种情况就跟讳疾忌医一样，会让自己陷入更加痛苦糟糕的境地。例如，有的人变得堕落颓废，丢掉原来的工作，失去家庭，甚至流落街头。所以说“应对方式”是导致创伤后应激障碍的心理成因之一！

还有的人，在没有遭遇创伤事件时就已经处于一种郁郁寡欢的状态，当他们真的遇到“大麻烦”的时候，就会比正常人更容易患上创伤后应激障碍。比如参加过越南战争的非裔、拉美裔的美国退伍老兵，患创伤后应激障碍的可能性就大于白人士兵。这可能是由于这些士兵在战前和战后都受到歧视，导致忧虑情绪恶化，增加了患病的危险。所以说“忧郁”也是导致创伤后应激障碍的心理成因之一。

民间有种说法，说是在本命年的时候会犯太岁，总会遇到点儿不好的事情，严重的则非死即伤。

我是个无神论者，原本不相信这些迷信的说法。但是在那次本命年里，我却破天荒地接连生了三场大病，近 3 个月没离开病床。这件事情对我影响最大的不是肉体上的病痛，而是心理上的震撼：我生平第一次意识到自己的身体可以如此糟糕，什么情况都有可能发生，生命是不完美的，随时都有可能终止。这之后，我的人生观也发生了巨大改变。

所以，创伤后应激障碍的另一心理成因便是：信念的动摇！

在生活中，我们对自己和世界的运转有许多信念，这些信念大部分时间会让我们感觉良好，但是一次痛苦的经历就可能将其摧毁。

首先，是自己不会受伤害的信念。大多数人觉得只有别人才会碰上倒霉事，而自己是不可能的。当发生严重交通事故、自然灾害或者遭到绑架、强奸的时候，这种认为自己不会受伤害的幻想便破灭了。人们一下子觉得世界颠倒，脆弱无助，对身边的一切也草木皆兵，焦虑不安。

其次，是认为世界是公平和有意义的。而一旦发生那些没有道理、非正义或犯罪事件，如恐怖分子对幼儿园实施炸弹袭击，少年随意射杀同学，人们的这种想法就会被整个颠覆。

最后，是认为好人有好报。创伤事件的幸存者会说自己为人善良，一贯行善积德，怎么灾难会降临到自己头上呢？太没天理了。同样，对于那些遇难的人，幸存者觉得就算死也应该是那些比遇难者更坏的人去死才对。

创伤后应激障碍的成因说到这儿，让我想起了另一种情况下受害者的“信念动摇”，那就是——

斯德哥尔摩综合征。

先说一下它名字的由来：

1973 年 8 月 23 日，在瑞典首都斯德哥尔摩的一家银行里发生了一起抢劫案，两名绑匪劫持 4 名人质近 6 天时间。在这次事件中，人质对匪徒反而产生了依恋情结，他们害怕警察胜过害怕绑匪。其中一位女人质和一名绑匪有自愿的性接触。人质被成功解救后，他们不但不恨绑匪，反而为他们辩解，一位人质甚至建立了基金，帮助绑匪支付辩护费用。后来一名瑞典犯罪学家将这种受害者对压迫者或施虐者的依恋称为“斯德哥尔摩综合征”。

是什么导致人质产生这种一反常理的态度呢？以下四点解释也许会为你拨开这个迷雾。

1. 绑匪威胁会杀死人质，并且人质对此深信不疑。

在这种对峙的情况下，人质就会觉得绑匪既然可以杀死他们，那么对他们实施惩罚和虐待也就见怪不怪了，即便这会让人质们觉得很不适和不安。相反，当绑匪对他们稍有仁义之举，他们却觉得那是从没奢望过的，会受宠若惊，内心便激起情感的千层浪。

2. 绑匪会向人质表达某种程度的善意，或者经常给他们一些小恩小惠。

像上一条说的，折磨是应该的，施恩是额外的。因此当人质感到绝望的时候，绑匪能给他们一些食物和水，或者允许他们上卫生间，人质便会从内心迸发出无比的感激，甚至认为自己还活着是因为绑匪没有杀掉自己，这是一种“被恩赐的存在”。事实证明，绑匪的这些“善举”是斯德哥尔摩综合征形成的基石。

3. 人质没有逃脱的机会。

试图逃跑的人质都被绑匪干掉了，这样就强化了人质的一种认识：我的生命完全掌控在绑匪手中。个体有时会为了生存做任何事，当人质认为听从命令和保持沉默是避免自己受到伤害的唯一方式时，他们就会将认同绑匪的话变成一种自我保护机制，为了保命必须服从到底。而且人质感到越无助，就变得越听话。

4. 人质与外界隔绝，他们所能得到的信息皆来自绑匪。

在这种被绑架的封闭空间里，在绑匪的高压面前，人质原先固有的那套信仰体系变得不堪一击，很容易被绑匪洗脑和再社会化。如果有幸遇上了“有文化”的绑匪，那就更容易从“人格魅力”上被对方完全征服了。一旦人质开始站在绑匪的立场，透过绑匪的眼光来重新看待这个世界，斯德哥尔摩综合征的产生就在所难免了。

斯德哥尔摩综合征离我们其实并不遥远，甚至可以用它来解释生活中常见的现象：为什么有的妇女在家暴中受尽了丈夫的折磨，但在心理上对丈夫依然有强烈的依恋？

这里我们可以把受暴妇女视为人质，而把施暴的丈夫看作绑匪，来看看两者的共同之处，大家便会明白了：

1. 受害妇女能够感受到丈夫对自己身心的威胁。

丈夫经常会说，如果她敢报警，下次会往死里打，或者她要敢提出离婚，那就杀死她或她的全家，对此受害人极度恐惧。当一个人长时间生活在恐惧和压力中时，其抵抗力就会逐渐减弱，甚至开始以一种近乎孩童的态度讨好丈夫。

2. 丈夫的悔改表现相当于绑匪对人质的善行或者小恩小惠。

在压迫环境中生存的妻子，总是会通过寻找点滴的希望来证明现状可以被改善，她们总是对丈夫抱有希望。这时丈夫的某些温柔之举，都会被妻子夸大为丈夫悔改的表现。暴力平息后，丈夫有时会买一些小礼物给妻子，或者向妻子道歉，保证以后再也不会发生同样的事情。这时妻子很容易被打动。她们经常会以这些事实向自己也向他人证明：丈夫其实是好丈夫，只是偶尔会做错事。

3. 妻子很难离开家庭。

对妻子来说，离开自己曾经爱过或仍然爱着的人，是一件非常困难的事情。而且妻子一般在家庭关系中倾注了很多心血，甚至牺牲了学习和晋升的机会，妻子在家庭中投入越多，离开就会越加困难。

因此这时，如果家人或朋友的一个问候或关心的电话会引发两个小时的家庭暴力，那么在妻子看来，外人才是麻烦的制造者，应当尽量避免与他们的联系。如果有司法部门干预，受害女性常常谎称自己身上的伤是不小心碰的，她们不希望施暴人被追究刑事责任。当警察要带施暴人走时，会遇到受害人的阻拦，她们担心丈夫回来之后暴行会变本加厉。在这种情况下，唯一的生存之道就是隐忍，否则她挨打的次数将更多，受的伤害也更重。

4. 如同人质被绑匪切断了与外界的联系，受暴妇女也完全暴露于丈夫对她的评价当中。

在暴力家庭关系中，施暴人不断贬低、侮辱妻子，故意伤害她的自尊心。这种负面评价听得多了，妻子逐渐就会认同。她们会认为自己真的是有很多缺点，所以丈夫才打她；自己没有能力，什么事都做不好；除了丈夫，没有人会爱她，愿意娶她。在她看来，丈夫是一位公正的评判者，她做的每一件事情都是为了吸引丈夫的目光，赢得丈夫的爱。如果丈夫实施了暴力，她认为那是自己的失败。

同样还可以用斯德哥尔摩综合征来解释的，就是那起骇人听闻的洛阳性奴案！

洛阳性奴案的案犯叫李浩。他从互联网上看到淫秽视频表演能赚钱，便想到借此道发财，强迫年轻女性进行网络色情表演。从 2009 年开始，在长达两年的时间里，李浩以“包夜外出”为名，分别从洛阳市不同的夜总会、KTV 诱骗 6 名女子，到洛阳市西工区凯旋路附近的一个隐藏于居民楼中的地下室，离最近的派出所不到 100 米。这个地下室是李浩在几年前从别人那里购得的，面积不足 20 平方米。经他挖掘后的地窖共分为四个部分，首先是一个直径大约为 60 厘米的洞口。下到洞口之后，向左即是一条仅够一人爬行穿过的隧道，爬过隧道之后，里面是两间小房子。这几名女子被长期囚禁于此，并遭受性侵害。其间，李浩还组织女青年外出卖淫，为其牟取钱财。经过“调教”，她们已经毫无反抗意识，反而相互妒忌，常常为“晚上谁能陪大哥睡觉”发生争执，并称呼李某为“大哥”或者“老公”。大约一年前，其中一名女子与另一个女孩儿因争风吃醋发生打斗。李浩协助后者将前者打死，将尸体就地掩埋。此前，为杀一儆百，李浩已将一名不服管教的女子打死，掩埋在女孩儿们居住处的角落里。李浩购置该地下室并开挖地窖一事，其妻几乎不知情。案发后，李浩被抓获归案。

李浩被捕后，受害的女性被问到被囚禁的遭遇时，却一致声称李浩对她们照顾有加。事后人们对这个案件做了分析，总结出其中受害者与施害者的关系有四大诡异之处：

1. 被囚女子不仅不反抗，反倒争风吃醋。

2. 被囚女子有机会逃脱也不利用。

3. 受害者变施害者，被囚女子竟将同伴打死。

4. 被囚女子“忘记了恨”，有人还在警察调查过程中袒护李某。

这些情况基本与斯德哥尔摩综合征的症状相吻合。

其中除了一人反抗被杀以外，其他人不但没有逃脱的努力，而且还为了这位“大哥”争风吃醋，甚至协同杀人，这种看似不可思议的心理操控，其实是基于生命受到威胁、反抗无效、与世隔绝，再加上“大哥”的一点儿“照顾有加”后的妥协。有人曾经设喻：魔鬼来到人间，把一个人抓进了地狱，让他饱受折磨，当魔鬼允许他回到人间，偶尔过上一点儿人间的“好日子”，他便会产生幻觉，以为自己到了天堂。而那位曾经将他抓进地狱的魔鬼，仿佛是解救他的天使。

我们前面也说过，面对生活的挫折，人的心理会有一个自动保护机制在起作用，就像伤口自然愈合一样，将不良刺激转化为良性刺激，借此渡过难关。常见的心理防御机制有合理化、压抑、选择性遗忘、幽默、投射等。这里我们就来说说其中的“合理化”——为社会不能接受的事情找出可以被大家接受的理由，用一个容易被接受的解释来取代真实的原因。例如，一名学生在一次考试中获得了很差的成绩，他可能会坚持认为是老师没有做好考前指导；一个女生的男朋友跟她分手了，她可能会对朋友们说，她从一开始就没有真正喜欢过他。与真相比起来，这类说法让人在情感上更容易接受。而被囚禁做性奴对这些女性来说，则可以理解成“大哥”这样做是爱我们，想把我们保护起来不受

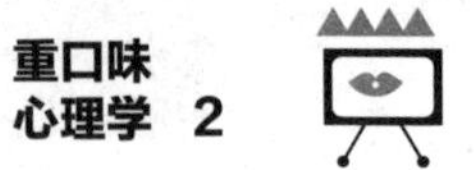

外界的侵扰。

除此之外，我们还不能忽略的一点就是“氛围”，也可以说是“体制化”。著名电影《肖申克的救赎》演绎了这一点。影片中犯人老瑞德这样谈到“体制化”：起初你讨厌它（监狱），然后你逐渐习惯它，足够的时间后你开始依赖它，这就是体制化。在李浩创造的这个小社会和体制中，除了个别受害人还有点儿清醒外，其他人都“入戏太深”，沉浸在一种“氛围”里，为自己深深打上了“体制”的烙印。

著名的“斯坦福监狱实验”与此有同样道理。该实验由24名随机挑选的斯坦福大学生分别担任模拟狱卒和模拟囚犯，在学校临时改造的“监狱”里完成。这个实验原计划进行两个星期。但自实验开始的第二天起，“狱卒”们就已经不满足于仅仅把“囚犯”关在牢房里了，在真实的监狱（巴格达中央监狱）里发生的恐怖事情竟然在这个模拟监狱里发生了：囚犯被脱光衣服，头上套着纸袋，还遭到了性虐待。

这个原计划两个星期的实验不得不在6天后夭折。“斯坦福监狱实验”的伟大之处就在于，它发现犯人们在不知不觉中就被监狱的制度“潜规则”了，它揭示了一个有机个体是如何在环境和行为的影响下改变的。一个善良、守法的公民，何以能在短短的几天之内展现出如此的暴力和虐待狂倾向，而一个独立自由的公民，又何以能迅速进入犯人的角色而无法自拔，这一切都因为“只缘身在此山中”！

有句老话，叫“祸福相依”——一个人失去什么必然会同时得到什么。所以当创伤的事件发生以后，大多数人都会试图弄清事件发生的原因和目的，试图理解它对他们生活的意义。

在这篇文章的最后，我想以一段在几个月之前失去至亲的人说的话来结尾，这段话也是我想说的，也许大家从中会有所感悟：

回首过去，如果我没有经历那些，想来也许我会错过所有的一切——这些成长和领悟。

我喜欢将生活中发生的一切视作礼物，无论它们因何发生，怎样发生。礼物不一定只是带来喜悦，只要发生了，便是一份礼物，都有它的意义。我一生经历了很多痛苦，而我从中收获颇丰。虽然我并不愿意再次经历那些痛苦，但是我对生活中的一切心存感激，因为正是它们造就了今天的我。人生要经历许多欢乐和悲伤，但是无论欢乐还是悲伤，都使我们的人生更加丰富！

图书在版编目（CIP）数据

重口味心理学 . 2 / 姚尧著 . —长沙：湖南文艺出版社，2020.3（2021.2 重印）
ISBN 978-7-5404-9479-7

Ⅰ . ①重… Ⅱ . ①姚… Ⅲ . ①心理学—通俗读物
Ⅳ . ① B84-49

中国版本图书馆 CIP 数据核字（2019）第 265104 号

上架建议：畅销 · 心理学

ZHONGKOUWEI XINLIXUE. 2
重口味心理学 . 2

作　　者：姚　尧
出 版 人：曾赛丰
责任编辑：刘诗哲
监　　制：毛闽峰　李　娜
策划编辑：张　璐
文案编辑：周子琦
营销编辑：刘　珣　焦亚楠
封面设计：介末设计
版式设计：利　锐
出　　版：湖南文艺出版社
（长沙市雨花区东二环一段 508 号　邮编：410014）
网　　址：www.hnwy.net
印　　刷：北京中科印刷有限公司
经　　销：新华书店
开　　本：787mm × 1292mm　1/16
字　　数：244 千字
印　　张：16
版　　次：2020 年 3 月第 1 版
印　　次：2021 年 2 月第 2 次印刷
书　　号：ISBN 978-7-5404-9479-7
定　　价：46.00 元

若有质量问题，请致电质量监督电话：010-59096394
团购电话：010-59320018